Volume Cinquième

1-12-32

RENÉ BAZIN

LES ITALIENS
D'AUJOURD'HUI

PARIS
CALMANN LÉVY, ÉDITEUR
RUE AUBER, 3, ET BOULEVARD DES ITALIENS, 15
A LA LIBRAIRIE NOUVELLE

1894

LES
ITALIENS D'AUJOURD'HUI

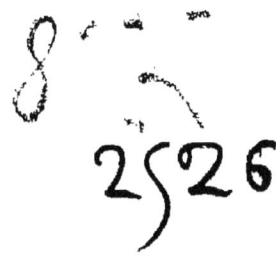

CALMANN LÉVY, ÉDITEUR

DU MÊME AUTEUR

Format grand in-18.

A L'AVENTURE (croquis italiens). . . . . 1 vol.

MADAME CORENTINE. . . . . 1 —

LES NOELLET . . . . 1 —

LA SARCELLE BLEUE . . . . 1 —

SICILE (croquis italiens) *(Ouvrage couronné par l'Académie française)*. . . . . 1 —

MA TANTE GIRON . . . . 1 —

UNE TACHE D'ENCRE *(Ouvrage couronné par l'Académie française)*. . . . . 1 —

Droits de reproduction et de traduction réservés pour tous les pays y compris la Suède et la Norvège.

PARIS. — IMPRIMERIE CHAIX. — 23834-12-93. — (Encre Lorilleux).

RENÉ BAZIN

LES ITALIENS

D'AUJOURD'HUI

PARIS
CALMANN LÉVY, ÉDITEUR
ANCIENNE MAISON MICHEL LÉVY FRÈRES
3, RUE AUBER, 3

1894

LES
ITALIENS D'AUJOURD'HUI

I

PROVINCES DU NORD — LA VIE PROVINCIALE

Elle est agréable à voir, après l'affreux Mont-Cenis, la grande plaine lombarde. Les barbares, au temps lointain, subirent son irrésistible séduction. Je crois qu'elle était alors ce qu'elle est aujourd'hui : toujours ensemencée, toujours fertile, toujours verte, et merveilleusement irriguée. Quelle fraîcheur sort de ces petits canaux, qui enveloppent le promeneur de leurs mailles bleues! Ils traversent les routes, coupent les champs, se rapprochent, s'écartent, tombent dans un grand fossé qui porte plus loin l'eau fécondante, jamais lasse de courir, jamais perdue. Grâce à eux, les prés donnent quatre et cinq coupes de foin, les rizières se chargent d'épis, les luzernes ont l'air de maquis en fleur et les champs de maïs de plantations de cannes à sucre. Toute cette terre est merveilleusement riche. Et cependant la population est pauvre.

Il y a là un problème étonnant qu'on rencontre presque partout en Italie : en passant d'une ville à l'autre, sans même s'arrêter, ni interroger, on ne peut s'empêcher de remarquer le contraste entre le sol qui donne tout, ou pourrait tout donner en abondance, et le paysan, trop souvent misérable, rongé par la pellagre comme dans la Lombardie, ou réduit à émigrer, comme dans la Calabre. Les villages, sur la route, n'ont pas la mine joyeuse et nette des nôtres, ou de ceux de la Suisse. De loin, sur le sommet d'une colline, leurs toits de tuiles étincelants de soleil, ils ont une silhouette attirante. Tandis que le train court à toute vitesse, on se prend à songer : « Oh ! ce curieux pays, cet assemblage fantastique de pignons montant à l'assaut, ces ruelles aperçues comme des éclairs, ce château qui domine la vallée, tout ce coin inconnu, où personne ne s'arrête, que ce serait amusant à visiter ; que je voudrais !... » J'en ai visité plusieurs, des plus ignorés, des plus moyen âge. Et, de près, c'était si triste, si complètement misérable, que l'impression pittoresque, un instant souveraine, s'effaçait et tombait devant la pitié pour les hommes.

Car ce monde de pauvres gens est un monde de travailleurs opiniâtres. Je ne sais rien de plus erroné que ce préjugé qui consiste à nous représenter les Italiens comme un peuple de *lazaroni* étendus au soleil, en haillons de couleur, et tendant la main quand l'étranger passe. Regardez ceux-ci, qui creusent les rigoles des rizières, le long de la voie ; ceux-ci encore qui brisent les mottes de l'immense guéret où, demain, ils sèmeront le blé d'hiver ; ceux-là qui, vingt ensemble, hommes et femmes, pendent aux solives d'une ferme, à l'extérieur, les épis roux du maïs, les fusées de *granoturco* dont on fera la *polenta*. S'arrêtent-ils ? Ont-ils l'air de paysans d'opéra ? J'ai traversé leurs bandes, dans les grands domaines, au pied des monts ;

je les ai retrouvés dans la campagne romaine, autour de Naples, à Reggio de Calabre; en Sicile, un Français, chef des vignerons du duc d'Aumale, m'a affirmé qu'ils étaient plus laborieux, plus durs à la fatigue et plus patients que les nôtres; d'autres m'ont dit, parlant des Romagnes que je n'ai pas visitées : « Il y a là les premiers remueurs de terre du monde »; partout, et chaque fois que j'ai parcouru l'Italie, le même témoignage s'est élevé en faveur de cette race forte et malheureuse. Il lui a manqué le romancier, le poète, qui racontât avec amour les souffrances et le courage de ces humbles, les villages à moitié abandonnés pendant les mois d'hiver et de printemps, la vie, avec ses drames ignorés, des bandes campées dans l'*Agro romano*, sous la conduite du *caporale*, et ce qui se dit, le soir, dans les huttes où des bergers nomades fabriquent le fromage de brebis. Sans cela, le paysan italien aurait sa belle place, entre le moujik de nos rêves et l'obstiné tâcheron des terres françaises. Et la question se pose plus pressante : d'où lui vient cette misère ? Pour répondre, il faudrait prendre chaque province à part et étudier les causes locales, — régime de culture, division de la propriété, climat, salubrité, hygiène, différences profondes de races et de tempéraments, — qui permettent au paysan de l'Émilie ou de la Toscane, par exemple, d'élever une famille en demeurant fidèle au sol, et rendent si précaire la condition de certains autres. J'en indiquerai sans doute plusieurs, çà et là. Mais la grande raison de ce malaise se trouve dans l'excès de l'impôt dont la campagne est grevée.

« N'est-ce pas lamentable ? me disait un agriculteur du nord italien. Quelle prospérité, quel esprit d'entreprise, quel progrès voulez-vous attendre d'un pays où le sol est imposé à trente-trois pour cent du revenu net ? Et je ne parle pas des maisons, pour lesquelles, grâce aux évaluations fantaisistes du fisc, nous payons quelquefois jusqu'à cinquante et soixante pour cent du revenu réel. Le comte Iacini a pu écrire en toute vérité que l'État, les provinces, les communes, n'imposent pas la terre, mais qu'ils la dépouillent. »

Joignez à cela l'usure, encore très répandue, malgré la création des banques populaires, l'insuffisance et la mauvaise qualité de la nourriture qui engendrent, dans le nord, l'affreuse maladie de la pellagre, le déplorable état d'une foule d'habitations rurales, que le propriétaire n'a pas les moyens ou l'humanité de réparer, et, sans plus insister sur les causes, vous comprendrez comment le socialisme a trouvé ses premiers adeptes, en Italie, dans les classes agricoles. Le paysan n'avait pas souhaité le renversement des régimes anciens; il n'avait pas été entamé par la propagande républicaine des mazziniens; il est demeuré très indifférent à ses droits politiques; mais, depuis vingt ans, il écoute de plus en plus les prédicateurs des doctrines socialistes, ceux qui lui tiennent ce langage, approprié à son éducation rudimentaire : « Tu n'as rien ; ils ont tout : prends leur place ». La Lombardie, la Vénétie, l'Émilie, les Romagnes, comptent des groupes ruraux très fortement imbus de socialisme. Le mal se répand. Des désordres annuels le manifestent sur un point ou sur l'autre. Et ce ne sont pas les journaux, peu lus par ces populations ignorantes, qui contribuent le plus à cette propagande, ni même les discours avoués des chefs, comme les députés Costa et Maffei :

les vrais, les plus dangereux agents du socialisme rural, ce sont les instituteurs primaires[1].

Malgré cette part disproportionnée qu'ils prélèvent sur le produit du sol, ni l'État, ni les provinces, ni les communes ne sont riches. Il n'est pas nécessaire d'être économiste pour l'observer. Un sous-secrétaire d'État au ministère de l'instruction publique déclarait récemment, devant les électeurs de Gallarate, que trois cent quarante-huit communes, appartenant à trente et une provinces, payaient irrégulièrement leurs maîtres d'école, et se trouvaient en retard vis-à-vis de mille quarante-cinq de ces intéressants créanciers. C'est là un fait officiel. Mais la vie quotidienne en offre mille autres qui ne sont pas moins significatifs. Je me souviens qu'il y a deux ans, un employé des télégraphes italiens m'avait payé un mandat en or. Je lui en avais fait mon compliment, dont il avait souri. Cette fois, j'ai eu moins de chance. Je n'ai vu de pièces d'or que celles que j'ai données. La pièce d'argent de cinq lires

---

[1]. Voir la conférence faite à la Société agricole de Bologne par le comte Joseph Grabinski : *lo Sciopero e la questione sociale nelle campagne*. Bologne, 1892, Generelli.

est introuvable, celles de deux lires et de une lire n'abondent pas, et, souvent, dans les petits pays, on vous proposera, si vous changez un billet, de vous le payer en billon. Dix francs de sous, j'ai dû les accepter après avoir cherché mieux. C'est très lourd! Et si vous demandez la raison de cette rareté de la monnaie d'appoint, on vous répondra, comme on m'a répondu : « *Una piccola combinazione*, monsieur. Écoutez bien. Voici la spéculation imaginée par un certain nombre de nos compatriotes. Ils récoltent les écus de cinq lires, les pièces blanches de une et de deux lires, les mettent en sacs, et leur font passer la frontière, souvent en contrebande. Or, dès que les lires italiennes ont franchi les Alpes, elles deviennent des francs, c'est-à-dire qu'elles gagnent de trois à quatre pour cent sur notre marché. Il ne reste plus à l'heureux collectionneur qu'à tirer une lettre de change sur la France ou la Suisse pour se faire un gentil revenu qui ne lui a rien coûté... Grâce à ce procédé, pour une bonne part du moins, notre voisine l'Helvétie s'est trouvée en possession, — elle a terminé son inventaire récemment, — de quatre-vingt millions de notre argent. Vous en avez bien davantage ».

On pourrait multiplier les exemples. A quoi bon? les Italiens avouent volontiers leur pauvreté. La comparaison entre la France riche et l'Italie qui ne l'est pas leur est sans cesse présente : elle est même pour beaucoup dans le sentiment de jalousie, — bien plutôt que d'inimitié, — dont certains sont animés vis-à-vis de nous. Ils se sentent arrêtés ou gênés dans leurs entreprises, dans leurs grands travaux d'intérêt général, par le manque de capitaux. Et cette blessure d'amour-propre est avivée, chez eux, par la conscience très justifiée de leur mérite.

On ne peut pas séjourner, à plusieurs reprises, en Italie, sans être frappé, en effet, de la somme considérable de travail et d'intelligence qui s'y dépense, des projets de toute nature qui s'y agitent, de la valeur des hommes qu'on y rencontre. Et l'on vient à songer : « Une Italie qui arme et qui s'épuise pour armer est loin d'être, comme on l'a dit, une quantité négligeable. Mais une Italie qui se recueillerait et épargnerait serait bien redoutable. Tout est prêt chez elle pour un essor. Il lui manque l'argent. Si elle savait! »

Milan, le jour des morts. — La cathédrale a été décorée, pour la fête d'hier, de la parure des grands jours, qu'on n'a point enlevée encore. Tout le long de la nef principale et dans les bras du transept, des tableaux drapés de rouge sont pendus entre les colonnes. Ils représentent les actes de la vie de saint Charles Borromée, archevêque de Milan. La hauteur où ils sont placés ne permet guère de juger le mérite de la peinture. Mais ils obstruent les ogives, et l'immense vaisseau, déjà pauvre de lumière, en est devenu tout sombre. Il y a foule aux messes du matin, une foule composée d'autant d'hommes que de femmes, et simple, et familière en sa dévotion, beaucoup plus que les fidèles de nos pays français. On ne voit pas de ces rangs symétriques de bancs ou de chaises, les premiers réservés aux abonnés payants, les autres, en arrière, laissés aux pauvres. Mais chacun va prendre sa chaise dans un gros tas dressé à l'entrée du transept, et se place à sa guise. Un employé de l'église en distribue aussi quelques-unes, çà et là. Il est en livrée courte, comme un valet de chambre, ce qui m'a paru un progrès, et ne demande aucune rétribution, ce qui en est sûrement un autre. Les groupes sont très curieux. Je vois une dame en toilette de ville, élégante, son mari en pardessus clair, entourés de menu peuple et ne cherchant pas à s'en dégager. Devant eux, les serrant, les pressant du bord de leurs manteaux troués, deux bergers crépus, très graves, très sales, très durs de traits ; à gauche, une demi-douzaine de jeunes filles, assises sur les talons et dont les châles traînants font une vague mouvante, car elles se penchent souvent pour causer, à voix très basse, sans cesser d'être attentives, par le fond de l'âme, à l'office qu'elles suivent ; derrière, une rangée de femmes de la campagne, éclatantes de rouge et de jaune. Tout ce monde se coudoie plus volontiers que chez nous, et l'esprit démocratique de l'Italie se révèle dans ce coin du *Duomo*, comme ailleurs.

Je sors. Un matin gris. Le tramway qui conduit au *cimitero monumentale* est assiégé. Aux deux bouts de la rue, tout un peuple est en marche vers le même point, très loin au delà des portes. Mais des milliers de vivants sont peu de chose dans ce champ des morts, le plus grand que j'aie vu en Italie, et, quand ils se sont répandus, en passant sous les arcades noires et blanches de l'entrée, dans les allées droites, parallèles, bordées de monuments et d'arbustes, ils disparaissent presque, ils n'enlèvent rien à la tristesse du lieu ni du temps. Les Milanais sont très fiers de leur cimetière, comme les Génois et les Messinois du leur. Il a dû coûter beaucoup de millions, tant à la commune qu'aux particuliers. Cependant, s'il y avait un concours, entre ces promenades funèbres, — car il y a du square et du jardin d'agrément dans les cimetières italiens, — Milan, je crois, n'aurait pas le prix. La situation du *campo santo* de Messine, sur la pente des montagnes siciliennes, dominant le détroit et la mer, ses arbres magnifiques, ses escaliers fleuris, lui donneraient un avantage signalé; d'autre part, les chapelles privées m'ont paru plus nombreuses et plus riches à Gênes. Il y a là une profusion, une prodigalité de marbre incroyable. Nulle part on ne rencontre la pierre assouplie, condamnée à rendre plus de scènes de famille, plus de robes à queue et à volants, dont la soie est prodigieusement imitée, plus de dentelles, plus de jeunes gens en redingote et en chapeaux hauts de forme, venant prier et pleurer, avec leur mère, devant le lit de mort ou devant le tombeau du père. Le marbre n'a jamais été domestiqué à ce point. Mais c'est bien partout, à Milan comme à Messine, comme à Gênes, la même inspiration réaliste.

Je passe dans les allées où sont les tombes des gens de moyenne condition. Des fleurs, des rosiers, des chèvrefeuilles taillés, comme chez nous, des veilleuses en verres de couleur, posées sur un long pied, et qui ne doivent pas toutes brûler toute l'année : mais toujours le buste en plâtre, en pierre dure, en bronze, avec des lunettes, si le défunt en portait, ou la photographie encadrée, protégée par une glace. Ces cimetières italiens sont comme un grand album des générations disparues. On y retrouve les ancêtres avec leurs modes, leurs rides, leurs verrues ou leur sourire. Beaucoup de vivants même y sont représentés dans l'attitude de la douleur. Telle veuve remariée, alourdie par l'âge, peut s'y revoir encore dans sa beauté d'il y a vingt ans et dans le charme attendrissant de son premier chagrin. Et ces curieuses inscriptions, que j'avais déjà rencontrées ailleurs, et où l'héritier reconnaissant fait un mérite au défunt de son copieux héritage : « A Pierre V..., qui, par son esprit des affaires, son honnêteté, son travail, sut augmenter la fortune des siens. » Je pourrais citer dix variations sur le même thème. A côté, des idées charmantes, comme sur cette tombe d'enfant, où la main d'une mère, bien sûr, n'a gravé qu'une ligne : « Au revoir, maman! » ou encore d'étranges énergies humaines qui s'étalent au jour, par exemple, dans les lettres de papier d'or, collées sur un ruban noir, et qui pendent là-bas, aux deux bras d'une croix. Je l'avais remarquée de loin, cette draperie de deuil, large et raide, dont les bouts se perdaient au milieu de gerbes de chrysanthèmes. J'approchai. Deux femmes agenouillées, immobiles, contemplaient le sable tout fraîchement remué, et, sur la banderole, il y avait : « A ma fille assassinée! » Cette indication de la cause, ce réveil de passion vengeresse ne sont-ils pas suggestifs? Et tout cela ne révèle-t-il pas, chez ce peuple très positif, une âme autrement orientée que la nôtre, moins portée à idéaliser l'image de ceux qui nous sont enlevés, et qui cherche la ressemblance absolue, la reconstitution d'une dernière scène de la vie, quand nous ne voulons plus voir qu'une figure immatérielle, embellie et transfigurée par la mort, et telle qu'un artiste de génie pourrait seul la deviner et la rendre?

Quelques monuments, d'une richesse extrême, dans l'allée principale. L'un d'eux, surtout, un grand monument de bronze, provoque l'admiration des promeneurs. Il a été élevé à la mémoire d'une jeune femme de race noble, morte récemment. Elle est là, couchée sur un lit large et bas, nue jusqu'à la moitié du corps, et très belle de traits. La tête, un peu inclinée sur l'oreiller, porte l'empreinte d'une paix nouvelle, inconnue à la vie, et derrière, esquissée dans le panneau qui se redresse en forme de muraille, une procession d'anges, les ailes déployées, emporte l'âme dans la lumière. Cette œuvre, du sculpteur Enrico Butti, est une de celles, bien rares, qui sortent du pur métier. Autour d'elle, les groupes, inces-

samment renouvelés, ne se composent guère
que de bourgeois et d'artisans. Ceux-ci ont
l'air d'être en habits de travail. Les femmes,
sans chapeau ni bonnet, pour la plupart, portent le châle long, qui ondule avec tant de
grâce, sur toutes les rues et les routes d'Italie ;
les hommes sont en veston ou en jaquette. Il
est remarquable que l'ouvrier italien n'a pas
son « vêtement du dimanche », comme l'ouvrier
français. Du moins, je n'ai jamais observé de
différence appréciable, à ce point de vue, entre
la foule du lundi et celle de la veille. Les
paysannes, au contraire, ne s'arrêtent point,
ou s'arrêtent peu, à regarder la statue de
bronze. Elles continuent et s'éloignent, graves,
par petites bandes du même village, récitant
tout haut le rosaire, qui pend sur leur tablier
aux couleurs vives. Elles n'ont plus entièrement le costume d'autrefois, celui qu'on voit
dans les livres et aux étalages des marchands
de photographies. Hélas! il faut aller plus loin
pour rencontrer ces merveilles de goût populaire, ces ensembles d'une harmonie puissante,
que la peinture a fixés dans nos yeux et qu'on
s'attend à voir surgir, au détour du pre-

mier chemin, dès qu'on descend les Alpes. Cherchez le gilet à triple étage, les brayes blanches et le chapeau galonné du paludier du bourg de Batz; cherchez les bergères de la Suisse ; cherchez les coiffes carrées, la guimpe échancrée, le tablier à rayures des Napolitaines! Graziella n'a plus guère de sœurs. Je n'ai vu qu'une fois plusieurs milliers d'Italiens habillés comme dans les estampes : au fond des Calabres, un jour de fête de la Madone.

Mais ni les vieux monuments, ni les vieux costumes ne tombent d'un seul coup. Il reste partout en Italie, avec une préférence marquée pour les étoffes aux teintes vives, une pièce ou deux du vêtement ancien, un accessoire, un bijou. Et, dans la campagne de Milan, c'est le grand peigne irradié que les femmes posent derrière leur tête, sur leurs cheveux roulés : un système d'épingles d'argent, aplaties au sommet, faisant le demi-cercle, ou, si vous le préférez, deux douzaines de petites cuillères disposées en éventail.

En sortant du *Campo santo*, j'allai passer une heure chez un de ces sculpteurs dont plusieurs, Enrico Butti, Ernesto Bazzaro, Barcaglia, Barzaghi, qui vient de mourir, ont acquis une réputation considérable. Il me montra une foule d'œuvres ou de maquettes, la plupart destinées à des tombes et dénotant une souplesse de main très grande, une entente consommée de la vérité plastique. Cependant quelque chose y manquait, presque toujours. En parcourant les ateliers avec cet homme aimable et fin, plus près de l'artiste, assurément, que de l'ouvrier, je revoyais sans cesse l'immortelle jeune fille, debout près de la tombe d'Henri Regnault. Et plus tard, je me suis demandé si le génie italien, momentanément affaibli, mais qui reprendra vigueur, n'avait pas été de tout temps plus réaliste que le nôtre. Même aux siècles où le plus merveilleux idéal soulevait les âmes, les artistes italiens se sont-ils beaucoup écartés du portrait anobli, je veux bien, divin par le sourire ou par les attributs, mais portrait cependant? Comme les Romains, leurs pères très pratiques, ne se sont-ils pas montrés défiants de ces deux genres, où l'imagination n'a plus de guide qu'elle-même, l'allégorie et la légende? Ont-ils jamais habité entre ciel et terre, dans le pays d'enchantement où les races du nord se sont promenées, inquiètes et ravies, durant tout le moyen âge? Raphaël a-t-il tant rêvé? Le grand Buonarotti, qui savait ce que c'était, aurait peut-être dit non.

— Je viens de voir le roi et la reine, de très près et pendant plusieurs heures. Les souverains devaient présider, devant quelques centaines d'invités, la fête d'inauguration d'un institut des aveugles, nouvellement élevé dans la via Vivaio. Les bâtiments, entièrement neufs, construits grâce aux libéralités testamentaires d'un Milanais, ouvrent sur une rue étroite, dans un quartier populaire. Ils sont très vastes, très gais de couleur, inutilement, hélas! et de cette belle ordonnance comprenant, de toute nécessité, des portiques, des corniches, des cloîtres intérieurs, de larges escaliers, à laquelle les Italiens sacrifient souvent le confortable. Ce n'est pas le cas. Les aveugles seront bien chez eux. On entre dans une cour fermée d'une grille, puis, par un vestibule orné de colonnes, dans une longue salle de réunions et de fêtes, décorée jusqu'aux voûtes de fraîches peintures murales. Les ateliers d'hommes et de femmes sont disposés tout autour.

Le roi arrive le premier, de Monza, dans un landau à deux chevaux, très ordinaire. Il est en redingote et en chapeau de soie. A peine les présentations faites, sur son ordre, tout le monde se couvre, et le roi se met à causer familièrement avec les autorités de Milan et les administrateurs du nouvel institut, au milieu du vestibule où s'engouffre l'air froid du dehors. Je ne remarque point d'empressement excessif parmi ceux qui l'entourent. Il parle à chacun, par phrases très courtes, d'une voix basse, avec un haussement fréquent du menton. L'attitude est toute militaire, et l'on devine, à le voir, qu'il aime à causer debout, la poitrine cambrée, faisant deux ou trois pas, de temps à autre, habitude qu'il conserve dans les réceptions à la cour, et dont les tout jeunes diplomates ne se sont jamais plaints. La moustache est terrible, moins cependant que sur les pièces de monnaie, mais le regard, un peu étonnant de fixité, n'a rien de dur. Le roi Humbert a beaucoup gagné en popularité depuis le choléra de Naples, et il le sent.

Dix minutes plus tard, un mouvement se produit dans la foule massée le long de la grille, et une voiture à quatre chevaux, supérieurement attelée en poste, tourne devant le perron. La reine descend, et passe au bras du roi, entre deux haies d'invités. Elle porte un collet Médicis en velours noir, un chapeau de velours noir à grandes plumes et une robe bleu sombre. Les deux haies s'inclinent. La reine sourit, et son sourire est célèbre, comme on sait. Elle a aussi de longs cils dorés, qui rendent son regard charmant. Une dame d'honneur la suit. Et les deux souverains commencent à tenir ce rôle officiel que la pratique peut rendre aisé, mais non pas réjouissant.

Ils écoutent le discours d'un monsieur vénérable, de la musique, un compliment d'aveugle, d'autre musique. Puis il leur faut faire la visite complète du nouvel institut, et subir des explications sur bien des choses qui s'expliquent toutes seules. Je les suis avec la foule des invités, qui se heurte aux angles des portes, encombre les corridors, et remplit d'avance les salles où Leurs Majestés doivent passer. Elle est curieuse, cette foule silencieuse et empressée. Évidemment elle représente une partie de la haute société milanaise. Partout, autour de moi, un joli murmure distingué de paroles italiennes, des sourires discrets, des présentations cérémonieuses, de fins visages de jeunes filles et de jeunes femmes, avec ces yeux si vite changeants, toujours un peu humides au coin. Mais presque pas de toilettes : des fourreaux gris, mauves, bleus, des chapeaux du matin. A Paris, pour un prince nègre, on aurait assiégé Worth et Félix. Ici, on est venu très simplement. La plupart des hommes ne portent même que le chapeau rond. Cependant il serait imprudent de conclure trop vite, car, aux réceptions du soir, tout change comme par enchantement, et Milan est peut-être, avec Rome, la ville d'Italie où l'on voit, sous le feu des torchères et des lustres, le plus grand luxe de toilettes et de bijoux.

Une autre chose étonne encore : l'absence presque absolue d'uniformes, de barrières et de police. Le plumet blanc d'un aide de camp se promène çà et là parmi les groupes ; un *questurino*, sanglé dans sa tunique, demande le passage pour le roi et la reine : mais la personne des souverains ne semble pas gardée. On les approche, on les enveloppe comme dans un salon où tous les invités seraient connus et présentés. La reine s'arrête dans les salles d'étude, demande à cette jeune fille aveugle d'écrire le nom de Marguerite de Savoie, à cette autre de lire dans un livre aux caractères en relief, admire les ouvrages de couture ou de broderie d'une troisième. Elle connaît vraiment très bien son difficile métier de reine. On ne saurait mieux, ni plus obligeamment interroger, remercier, paraître s'intéresser à tout. Et cette visite souriante à de pauvres filles intimidées émeut comme un acte de charité et comme une chose très bien faite, surtout quand on peut suivre cette petite distribution de questions, — pareille à une distribution de récompenses, — posées d'une voix bien timbrée, et la mimique expressive et naturelle de ces doigts d'Italienne, qui parlent aussi clairement que les lèvres. Pendant ce temps, le roi cause, résigné, avec plusieurs personnages, et souvent avec l'abbé Vitali, un prêtre de cœur et de savoir, paraît-il, directeur de l'institut charitable, le même qui a composé les vers de la cantate exécutée tout à l'heure :

> Il tuo spirito, o regina eccelsa et buona,
> È ovunque, e dolce il nome tuo risuona,
> Ma dove piu gentil corre il tuo core
> È dove sta il dolore.

> Ton esprit, ô reine grande et bonne,
> Est partout, et doucement ton nom résonne,
> Mais là où le plus volontiers court ton cœur,
> C'est où se trouve la douleur.

Tout le monde italien vit sur ce pied de diplomatie familière. Quelqu'un m'a raconté qu'à Gênes, pendant les fêtes du centenaire de Colomb, le canot à vapeur du roi était entouré d'un grand nombre de barques, montées par des curieux de toute espèce et de tout rang, et que, parfois, des inconnus, des gens du petit peuple, venaient toucher l'épaule ou le bras du roi, et disaient : « *Buona sera, maestà!* »

Je suis parti avant que la cérémonie fût achevée. Sur les degrés du vestibule, un laquais de la cour, en livrée rouge, s'entretenait gravement avec le premier postillon, immobile sur son cheval, fier de sa veste rouge à brandebourgs, de sa culotte safran, de ses bottes de poste, de son fouet orné de poils de blaireau qu'il tenait appuyé sur sa cuisse, et tous deux, par moments, sans tourner la tête, jetaient un regard protecteur sur le fretin pendu aux grilles.

A cent pas de là, le faubourg avait sa physionomie ordinaire. Des haillons séchaient aux fenêtres hautes, des femmes bavardaient sur les seuils, plus nombreuses là où le soleil chauffait encore. Seulement les *questurini* indiquaient aux marchands de figues d'Inde des détours par les petits *vicoli*, pour que la grande voie fût libre.

Je n'étais pas encore rentré chez moi, quand la voiture de la reine passa, les quatre chevaux piaffant et secouant leurs grelots. Tous les fiacres s'arrêtèrent, et se rangèrent le long des maisons ; presque tous les boutiquiers, les paveurs, les cochers, levèrent leur chapeau : mais personne ne cria. Comme je m'en étonnais : « Ici nous sommes monarchistes, me dit un ami, mais pas courtisans. »

Les Milanais ont, d'ailleurs, une très haute idée de leur ville, « la capitale morale de l'Italie, » ville artiste, ville musicienne, ville d'édition comme Turin, ville de grand commerce comme Gênes, ville grandissante et riche, prétend-on, mais qui a le capital prudent, et ne l'engage pas, pour le moment. C'est qu'elle a failli se laisser prendre et avoir son krach des maisons, comme la capitale. Il y a eu la même rage de construction, vers la même époque. Mais on a su mieux s'arrêter, et le quartier nouveau n'a pas l'aspect lamentable de ces pauvres *prati di castello*. Il est même fort joli. Si vous voulez le visiter, tournez le dos à la façade du dôme, allez tout droit : le vaste boulevard qui s'ouvre, la via Dante, est taillé dans les vieilles rues et bordé de palais nouveaux, jusqu'au théâtre dal Verme. Plus loin même, d'énormes îlots sont bâtis ou se bâtissent. Le château des Sforza, en partie démoli, va livrer les abords de l'ancienne place d'armes aux constructeurs de l'avenir, et le pavillon central, enveloppé d'arbres et de jardins, restera seul avec ses remparts crénelés, au milieu d'une enceinte immense d'habitations modernes. Le travail se poursuit, lentement et prudemment, comme je le disais, mais rien n'est plus curieux que la partie déjà remplie du programme édilitaire, cette via Dante, élevée dans un jour de spéculation hardie. Combien a-t-elle coûté de millions? Je n'en sais rien. La municipalité de Milan avait promis un prix de dix mille francs à qui ferait la plus belle maison, et, moins pour le prix que pour l'honneur de gagner la couronne murale, les architectes se sont mis en frais d'imagination et les propriétaires en frais de maçonnerie. Les uns poussant les autres, la lutte est devenue épique, et, comme chacun de ces vastes palais devait avoir un nombre égal d'étages, on l'a vue tout de suite se circonscrire et devenir un concours de façades. Tous les genres de portes et de fenêtres, toutes les variétés de balcons, tous les types de cariatides, de modillons et de consoles, tous les enduits, les revêtements, les moulures, les médaillons, les chapiteaux et les chapeaux de cheminée s'y rencontrent, et voisinent drôlement. Il y a des façades peintes en grisaille renaissance. Il y en a une couverte de peinture, — à l'huile, je crois bien, — incontestablement moderne : sur un sofa, d'où s'élance un palmier aux feuilles retombantes, un monsieur en habit rouge, face à la rue, paraît attendre la réponse d'une jeune femme, en robe de bal blanche, qui regarde vers le château des Sforza. Que voulez-vous, tous les détails ne sont pas heureux, on devait s'y attendre, mais l'ensemble de ces palais, formant une des plus larges rues de Milan, ne manque pas de grandeur. Les tons légers des badigeons et des stucs s'harmonisent et se fondent. Par un rayon de soleil, toutes ces choses fraîches et neuves ont l'air de rire entre elles. Ajoutez à cela que les loyers ne sont pas élevés. Je me suis informé, et l'on m'a dit qu'un premier, composé de dix à douze pièces, se louait de deux à trois mille francs.

Malgré cela, les locataires ne se disputent pas encore les appartements de la belle rue Dante. Je vois d'assez nombreux écriteaux pendus aux balcons ouvragés : « *Si loca; affittasi piano nobile.* » Ils disparaîtront avec le temps. Mais je crois qu'un second concours, s'il était proposé, ne serait plus accueilli avec le même enthousiasme.

J'oubliais de dire que la municipalité, devant ce débordement d'architecture, embarrassée sans doute, n'a pu se déterminer à décerner le prix : ce qui est au moins d'une administration économe.

— Je me trouve ici en pleine période électorale. Les murs sont couverts d'affiches où des comités « pour la paix », d'autres qui sont pour la guerre, et qui ne le disent pas, des groupes de vétérans *reduci* des guerres de l'indépendance, des Sociétés ouvrières ou rurales, recommandent leurs candidats à l'électeur qui passe. Les afficheurs ne respectent rien, ni les maisons particulières, ni les monuments publics. Ils collent partout : sur les colonnes neuves, à l'intérieur des passages, dans les péristyles des mairies, sur des parois lisses ou sculptées, peu leur importe : « Ça s'enlève si bien avec une brosse et de l'eau chaude ! » me disait un Italien. Et en effet, j'ai vu fonctionner la brosse jusque dans les belles galeries Humbert Ier à Naples.

Les réunions publiques se multiplient également, avec des succès divers, mais sans désordres graves. Je ne crois pas qu'il y ait un pays où l'on parle plus politique, avec plus de passion apparente et de scepticisme peut-être au fond. Vous entrez dans un restaurant. A côté de vous, se trouvent deux messieurs, l'un qui déjeune, l'autre, debout devant la table, le cigare allumé, un de ces longs cigares noirs, qui ont une paille au milieu. Ils causent politique, généralement ils discutent une candidature locale. Rien n'est plus facile que de les suivre, car ils parlent tout haut, pour la salle entière. Au début, une ou deux phrases sentencieuses, dans les tonalités grises, appuyées d'un *carissimo*. Ce sont des gens qui se sont vus au moins deux fois. La réponse vient plus vive. Le monsieur debout reprend avec force : « *Permesso! La questione è questa...* » Et alors, avec une véhémence extraordinaire, des gestes fougueux et justes, des expressions de visage qu'un avocat d'assises ne démentirait pas, il plaide, il s'emporte. La riposte trouve à peine sa place. Elle est courte, comme il convient à un homme qui déjeune, mais d'une belle passion. Voilà deux adversaires bien ardents. On se demande comment cela va finir, et si la griserie des mots, la présence de ce public, n'entraîneront pas trop loin l'un des deux. Rassurez-vous. Après un quart d'heure, tout à coup, celui qui était debout tend la main à l'autre : « Au revoir, cher. Je suis attendu, une petite affaire. » Il est très calme. Son cigare ne s'est point éteint. Il sort de l'air le plus tranquille. L'autre commence le second service. Personne n'est ému dans la salle.

On découvre alors que ces passionnés à la surface ont gardé leur sang-froid, sous des apparences qui l'excluaient ; qu'ils ont raisonné leurs effets, et déduit logiquement leurs idées. Ils ont essayé, qu'on me pardonne le mot, de « se mettre dedans » l'un l'autre. Ils n'ont pas réussi. Mais ils n'en sont pas moins bons amis et assez près de s'entendre, car aucun principe sérieux ne les divise : il n'y a entre eux que des préférences personnelles et des intérêts du moment.

Cette petite scène, presque quotidienne, aide à comprendre la vivacité des discours et le calme de la rue. Elle explique la fluidité des partis italiens, impossibles à classer, grossis ou diminués inopinément, aux dépens les uns des autres, et qui fait penser à des vases communiquants, séparés, si l'on veut, par un voile de gaze...

— J'ai lu, nécessairement, d'innombrables professions de foi, comptes rendus de réunions électorales, harangues et lettres aux électeurs. Tout le monde sait que les Italiens ont conservé, dans la langue littéraire, la période ancienne, large et sonore. Plusieurs y sont passés maîtres, de Amicis, par exemple, dans le roman, et bon nombre de candidats à la députation dans leurs discours : si bien qu'on peut lire le premier ou écouter les seconds plus de cinq minutes, sans rencontrer un point. Ils sont dominés par la longue tradition latine, dont nous nous sommes dégagés, par leur tempérament, tout de logique et de mesure, qui trouve, dans l'ampleur des développements, le moyen de présenter l'idée avec les ornements, les commentaires, les objections et les réserves qu'il faut. Nous enfermons nos pensées en quelques mots nets, vibrants, excessifs quelquefois. Ils préfèrent élargir l'enceinte, en y ménageant beaucoup d'incidentes, comme autant de portes de sortie : c'est tout ce que je veux dire de la forme.

Quant au fond, trois choses m'ont surtout frappé : d'abord l'Italien, — j'entends la masse du public, — me semble beaucoup plus capable de théorie et d'abstraction que les Français. Lisez les brochures politiques, si nombreuses au delà des monts : les considérations générales y occupent une place prépondérante. Nous ne supporterions jamais tant de doctrine sans anecdote. Écoutez les discours, vous serez étonné de cette note philosophique, moins fréquente, mais bien plus singulière dans la bouche d'un candidat et devant une assemblée d'électeurs. Voici, par exemple, un des hommes les plus célèbres de l'Italie actuelle, orateur, économiste, directeur d'une revue, député, M. Ruggiero Bonghi. Il se présente devant le corps électoral de Lucera. Je me demande s'il aurait pu dire à des Français ce qu'il a pu dire à des Italiens : « Le caractère est chose intellectuelle et civile ; il consiste avant tout à se bien pénétrer l'esprit et le cœur de l'idée et de l'amour du bien public, sans aucune vue intéressée ; le caractère consiste à conserver libre son jugement et à ne se laisser emporter ni par la passion, ni par l'intérêt ; le caractère veut, jusqu'à un certain point, qu'on se rende indépendant de soi-même ; le caractère... » Il y en a encore douze lignes de journal. Ailleurs, à Cesena, dans les Romagnes, le docteur Antonio-Alfredo Comandini déclare que : « Le déclin de la vie italienne doit être attribué à la prédominance des intérêts matériels sur les idées. Que celles-ci se traduisent donc en fonctions positives, par l'abandon du système négatif, source de luttes stériles et de continuelles désillusions » Ses auditeurs l'ont-ils compris ? Probablement puisqu'ils l'ont nommé. Et il avait poussé l'audace littéraire, dans un discours politique, jusqu'à citer un peu plus loin le vingt-septième chant de *l'Enfer* de Dante !

Un second point, très remarquable dans les discours de nos voisins, c'est l'allusion continuelle à la France. Elle se retrouve partout. Et généralement elle n'est pas hostile. Souvent même, elle revêt une forme sympathique. « Je souhaite, dit un candidat milanais, que nos relations avec la France s'améliorent ; je souhaite que ceux-là s'y emploient surtout, qui n'ont point oublié Magenta et Solférino. » « Ce n'est point à nous de discuter les idées de revanche que nourrissent les Français, dit un autre, à nous qui devons tant à la France, et lui sommes unis par des liens de fraternité nationale. » Je sais qu'on rencontre des paroles moins bienveillantes. Je sais qu'on peut aussi, pour une part, attribuer ces avances à des raisons d'intérêt très évidentes. Cela est vrai, les Italiens l'avouent : ils souffrent singulièrement de la rupture des traités de commerce, et leur grande ambition serait de rentrer dans les bonnes grâces économiques de la France. Mais cette définition de l'état d'âme des Italiens, vis-à-vis de nous, serait à la fois trop simple et injuste. Si on l'analysait, suivant la méthode de la chimie, j'imagine qu'on trouverait à peu près les résultats suivants :

Souvenir des guerres depuis François Ier jusqu'à Napoléon *(hostile)*.	10
Affinités naturelles de race, tendances latines *(favorables)*	15
Reconnaissance envers la France pour les services rendus *(favorable)*	5
Souvenir laissé par l'expédition tunisienne et les attaques de la presse française, jeux de mot, épigrammes *(hostile)*.	25
Désir de reprendre les relations commerciales *(favorable)*.	30
Préjugés relatifs à la triple alliance *(hostiles)*.	15
Total.	100

Les proportions varient, sans doute, d'un

homme à l'autre ; l'équilibre est rompu, presque toujours légèrement, dans le sens de l'amour ou dans celui de l'aversion : les éléments ne varient guère. Ils forment le composé le plus extraordinaire qui soit, de sorte que nous avons, en Italie, des ennemis politiques qui sont d'ardents admirateurs du caractère et du génie français, et des avocats très convaincus de la nécessité d'un rapprochement commercial avec la France, et de la nécessité de maintenir, en même temps, les alliances germaniques. L'esprit est d'un côté, le cœur est souvent de l'autre, et les conversations, quand elles s'engagent sur de tels sujets, prennent un air de paradoxe, un peu étrange d'abord, et dont je reparlerai.

Enfin les aspirants à la députation n'ont garde d'oublier la grosse question italienne, la question financière, et la façon dont ils la traitent vaut bien un examen rapide. Leurs discours se divisent généralement de cette manière : les partis italiens, les conditions économiques du pays, les finances, les lois sociales, les alliances, l'avenir. Sur ce dernier point, tout le monde est d'accord : l'avenir, c'est toujours ce qui arrivera si l'on suit nos conseils, la liberté, la prospérité, le progrès, la splendeur nationale. Mais que les méthodes sont différentes et les avis partagés sur la route à suivre! Jusqu'à présent, un très petit nombre d'hommes politiques avaient osé recommander, en Italie, la réduction des dépenses militaires, conseiller le recueillement, et laissé entendre, sans le dire, qu'on devait relâcher, sinon rompre tout à fait, le lien pesant qui attache le pays aux deux empires du centre de l'Europe. Aux dernières élections, cette opinion, déjà plus répandue, a trouvé plusieurs interprètes, dont le plus éloquent et le plus autorisé me semble avoir été M. Giuseppe Colombo, député de Milan et ancien ministre du Trésor dans le cabinet Rudini. M. Colombo appartient au groupe des conservateurs libéraux. J'ai eu l'honneur de le rencontrer. Cinquante ans environ, grand et mince, les traits réguliers, les yeux enfoncés sous des sourcils saillants, la barbe entière et grisonnante, taillée en pointe, la physionomie grave et énergique, la parole facile. En le voyant, en l'écoutant, je pensais que, chez nous, à la Chambre, il fût devenu un chef de parti. En Italie, j'ignore ce qu'il en est, mais le discours qu'il a adressé aux électeurs de son collège, et qui a été un événement dans la péninsule, m'a paru d'un homme très informé, très courageux et très patriote. Je ne veux en citer que de courtes phrases, dont l'intérêt n'a pas diminué. « Je crois, a-t-il dit, que si nous ne résolvons pas absolument et immédiatement la question financière en Italie, nous courons au-devant d'un avenir peu réjouissant. » D'où vient le péril? De deux grandes causes, les dépenses militaires excessives et les garanties onéreuses données aux chemins de fer italiens. Le déficit est aujourd'hui de soixante-quinze millions. Il sera, en 1900, de cent quatre-vingt-dix millions, si l'on ne change pas de méthode. Or, il n'y a pas deux remèdes. « Le manque de capitaux laisse improductive une grande partie du sol national. L'Italie, *alma parens frugum*, n'arrive même pas à produire le blé dont elle a besoin, restant ainsi de plus d'un milliard en arrière de la France. » Est-ce dans de telles conditions qu'on peut augmenter les impôts ? Est-il possible de songer à grossir les charges des contribuables, « quand l'impôt foncier, avec ses surtaxes, absorbe un tiers du revenu, quand l'impôt sur les maisons monte, en certains cas, jusqu'à 80 0/0, et que l'impôt sur les valeurs mobilières s'élève à 13,20 0/0. » Il faut donc économiser. Il le faut. « Deux, trois, quatre ministres tomberont, mais fatalement le jour viendra où le gouvernement, quel que soit l'homme qui le dirige, s'y trouvera contraint. » Il y a des économies à faire sur plusieurs chapitres, notamment sur les travaux publics et sur la dotation du personnel. Qu'on supprime certains « de ces contrôles trop nombreux dans l'administration italienne, tout entière fondée sur la défiance. » Qu'on simplifie les rouages administratifs. « L'administration locale compte soixante-neuf préfectures, cent trente-sept sous-préfectures, cinquante-huit commissariats et soixante-neuf intendances; la magistrature remplit quatre cours de cassation, vingt-trois cours d'appel et cent soixante et un tribunaux; nous avons vingt et une universités et onze instituts d'instruction supérieure. Rien qu'entre Plaisance et Bologne, c'est-à-dire sur un parcours de cent trente-cinq kilomètres, qui se fait en deux heures un quart, et pour un peu plus d'un demi-million d'habitants, il y a cinq préfectures, huit sous-préfectures, cinq intendances, trois cours d'appel, trois universités, trois instituts des beaux-arts, une école d'ingénieurs et une académie scientifique. Croyez-vous qu'il n'y ait rien à faire pour simplifier cette organisation qui nous coûte soixante millions ? Nous sommes esclaves des habitudes, hostiles aux grandes réformes ; nous ne comprenons pas qu'après avoir fondu ensemble tous les petits États qui formaient l'Italie avant 1859, nous avons le devoir de faire l'Italie nouvelle, de constituer l'administration sur une base rationnelle, en tenant compte des divisions naturelles du pays, en proscrivant l'ingérence de l'État dans les affaires locales, sauf dans le cas où celles-ci sont liées aux intérêts généraux de la nation. » Mais la grande économie, il faut résolument la demander au budget de la guerre. « Le pays n'aperçoit pas, dit le député de Milan, que la mesure actuelle de nos armements soit une conséquence nécessaire de nos alliances ; car l'Autriche fait partie de la triple alliance, comme nous, elle est même plus exposée peut-être, et elle sait concilier les exigences de sa politique étrangère avec ses ressources ; elle dépense relativement moins que nous, si l'on tient compte de sa population et de son budget de recettes... Chacun fait ce qu'il peut, et nul ne pourra nous demander d'égaler, dans leurs armements, les nations plus riches que nous, et de nous ruiner davantage, chaque année, par un sentiment d'amour-propre mal entendu... Non, nous ne pourrons pas suivre longtemps l'Europe dans cette grande folie qui enlève régulièrement quatre millions de jeunes gens et cinq milliards d'argent à la richesse des peuples. Espérons que l'Europe s'assagira. Mais commençons d'abord par nous montrer sages, nous qui avons tant besoin de bras et de capitaux pour cultiver nos champs, pour éviter cette honte, tandis que nous nous armons jusqu'aux dents, d'aller demander, nous, nation agricole, à la Russie, à la Hongrie, à l'Amérique, le blé que nous ne savons pas produire. »

La réponse, — car c'en est une, — au discours de M. Colombo, a été le discours prononcé à Rome par M. Giolitti. Venant d'un premier ministre, elle ne pouvait être qu'optimiste. Elle l'a été franchement, largement. M. Giolitti a nié que le déficit fût de soixante-quinze millions, — j'ai toujours admiré la souplesse des mathématiques d'État, — il a défendu le budget de l'armée, défendu les alliances menacées de bien loin, cependant, et fait du progrès de l'Italie ce tableau éloquent :
« En Italie, depuis 1861, nous avons construit onze mille deux cent soixante-quatre kilomètres de chemins de fer, deux mille quatre cent cinquante kilomètres de tramways à vapeur, trente mille kilomètres de routes ; l'État a dépensé plus de deux cents millions en travaux maritimes extraordinaires et soixante-cinq millions en améliorations ; nous avons puissamment fortifié nos frontières autrefois ouvertes ; nous avons pourvu à l'armement des troupes ; nous avons entièrement créé une marine de guerre, qui est aujourd'hui la troisième du monde ; nous avons transformé nos grandes villes au point de vue hygié-

nique ; nous avons donné des bâtiments aux écoles, des casernes aux soldats, et commencé la réforme des prisons. Dans la même période de temps, sur le territoire actuel du royaume, la population s'est accrue de cinq millions d'habitants ; les écoles primaires, qui avaient moins de un million d'élèves, en ont aujourd'hui deux millions et demi ; le rendement des postes était de douze millions, il est maintenant de quarante-quatre millions ; les bureaux télégraphiques étaient au nombre de trois cent cinquante-cinq, nous en avons à présent quatre mille cinq cents. Le commerce international, entrées et sorties, se chiffrait par cinq millions de lires, il s'est élevé à quatorze millions ; le cabotage a passé de huit millions à trente-trois millions de tonnes ; la consommation du charbon de terre de quatre cent quarante-six mille à quatre millions trois cent cinquante mille tonnes. Le patrimoine des œuvres pies a augmenté de huit cents millions ; les Sociétés de secours mutuels, jadis au nombre de quatre cent quarante, sont devenues cinq mille ; les Sociétés coopératives de production et de consommation, tout à fait inconnues en Italie, sont aujourd'hui treize cents ; les dépôts d'épargne, qui s'élevaient, en 1872, à quatre cent soixante-cinq millions, s'élèvent aujourd'hui à un milliard sept cent quatre-vingt-neuf millions. »

Malgré tout, comme je restais sous l'impression de certains des arguments de M. Colombo, je m'en ouvris à mon ami le marquis B..., dans le parc d'une de ses villas, aux environs de Bologne. Nous nous promenions sous les platanes et les ormes, qui font comme un îlot de verdure, au milieu de la plaine labourée, plate, où fuient des rangées basses de petits mûriers. Je revois encore cette brume dorée de l'extrême automne, mortelle aux choses, et qui verse sur la campagne un peu du grand silence des jours de neige. C'était si doux, et j'avais une si profonde joie de retrouver cet esprit de haute race, de l'interroger, pour écouter sa réponse toujours prompte, fine et raisonnée, que je parlai presque par hasard, et sans changer de ton, de mes souvenirs de Milan. Mais lui le prit autrement. A peine avais-je fait allusion à ces conseils de « recueillement » et de sagesse bourgeoise, qu'il parut secoué d'un frisson. Une flamme d'émotion vive passa dans son regard. « Vous y croyez? me dit-il. Comment pouvez-vous ajouter foi à ces prophéties lugubres? Le déficit! En vérité, ne dirait-on pas que les finances italiennes vont sombrer, parce que nous avons quelque vingt millions de déficit? Mais rappelez-vous donc que nous en avons eu un de cinq cents millions, que le change était à vingt pour cent, que les armées autrichiennes tenaient la Vénétie, et que nous sommes sortis de cette crise-là, comme nous sortirons de celle-ci, à notre honneur! »

Un peu plus tard, je déjeunais à Rome, avec un député appartenant, par sa naissance, à l'aristocratie italienne, mais assez voisin, par les tendances de son esprit, des groupes avancés de la Chambre, homme avisé, brillant, qui fit de la diplomatie dangereuse, et parvint à s'en tirer, auprès du Négus d'Abyssinie. La même question vint, je ne sais comment, entre nous. Il avança légèrement la main, les doigts repliés se détendant un à un, comme pour présenter l'argument :

— Je sais, fit-il, et tout le monde sait en

Italie, que nous dépensons un peu trop. Mon Dieu, les nations qui nous entourent n'en font-elles pas autant, plus ou moins?

— C'est vrai. Mais...

— Mais nous sommes moins riches qu'elles, oui, je l'avoue. Cependant, veuillez remarquer que notre sécurité peut-être et notre amour-propre assurément exigent que nous continuions à imiter nos voisins. Dites-moi, iriez-vous à une grande soirée en veston court, quand tous les invités seraient en habit?

— Peut-être.

— Je suis bien sûr que non! vous seriez moqué, vous n'iriez pas!

— Pardon, j'irais, si j'étais assuré d'y retourner le lendemain avec des revers de soie.

Il ne répondit pas.

Et je vis à ces deux signes, et à plusieurs autres, que les idées de M. Colombo avaient encore beaucoup de chemin à faire dans la haute société italienne.

Vicence. — Elle était bien jolie, ce soir-là, la petite ville de Vicence, où tant d'étrangers, qui ont tort, ne s'arrêtent pas. Elle avait cette silhouette ancienne, cet air de découpure romantique, que les villes italiennes prennent sous la lune, quand les ombres sont profondes sous les portiques, les passants plus rares, les dorures des enseignes effacées, et que les maisons neuves semblent se fondre en une masse brumeuse, pour mieux laisser voir les belles lignes de pierres grises, les torsades en saillie, les balcons de fer forgé et les toits avançants des vieux palais : mais rien n'était comparable à la place de' Signori, presque entièrement bâtie par le Palladio, avec son Palais du conseil, si léger sur deux rangs d'arcades, son hôtel de ville, sa tour rouge, qu'on dirait apportée de Venise, et ses deux colonnes avec le lion ailé de Saint Marc. Il y avait là un peu plus de lumière et d'animation qu'ailleurs. C'était le jour des élections. Dans les salles hautes de l'Hôtel de Ville, on proclamait les résultats du vote, et les rumeurs ou les applaudissements de la foule invisible se répandaient par moments dans l'espace à peu près désert, baigné de clarté molle, où nous nous promenions, le sénateur L..., le poète Antonio Fogazzaro et moi.

Quiconque n'a pas goûté l'hospitalité italienne fera bien d'en essayer avant de porter un jugement sur nos voisins. Elle est particulièrement cordiale et empressée. Elle forme un des traits, et non des moins sympathiques, de leur caractère national. Les Italiens y mettent un point d'honneur. Comme me le disait un Florentin, ils se savent et ils se sentent les héritiers d'une très ancienne race, habituée à recevoir la visite des étrangers de toute nation, et puis ils tiennent extrêmement à faire connaître, admirer, aimer le coin de pays où ils habitent.

Oh! cette affection pour le foyer, pour la ville natale, cet orgueil du passé local, ce culte religieux pour les grands hommes et les œuvres d'art des petits pays à peine mentionnés par les guides, et rarement cités dans l'histoire, comme ils sont vivants, comme on les rencontre partout, comme ils sont puissants sur le cœur des hommes! Voyez Fogazzaro. Il a écrit sept ou huit volumes de vers, de nouvelles ou de romans. Il est illustre en Italie. Ses ouvrages ont été traduits en allemand, en anglais, en suédois, en hollandais, en russe. Son *Daniele Cortis*, touffu, éloquent, plein d'observation, peut être cité comme une des œuvres les plus remarquables de la littérature italienne contemporaine. *Le Mystère d'un poète* a paru en français, il y a quelques mois, chez Perrin. Eh bien, lui qui trouverait un monde plus littéraire, des admirateurs, des éléments nombreux de travail et de succès dans les grandes villes, il ne voyage guère, il demeure et veut demeurer à Vicence ou dans les environs de Vicence, parmi les *Colli Berici*, d'où la vue est exquise sur les campagnes blondes. A le voir, grand et vigoureux, drapé dans son manteau brun, coiffé du chapeau à larges bords fendu au milieu, un bon sourire errant sous ses fortes moustaches grisonnantes, on le prendrait pour un gentilhomme campagnard. Il en a les goûts. On lui a proposé la députation, sans qu'il ait jamais consenti à laisser voter sur son nom. Mais les petites charges municipales lui plaisent. Il en remplit une demi-douzaine avec amour, préside des académies, administre les biens de la congrégation de charité, s'abandonne aux délices solitaires de la théorie de l'évolution, jusqu'à en négliger les lettres, et, quand je m'étonne, il me cite tranquillement l'exemple de Renato Fucini, un écrivain de haute valeur comme lui, dont j'ai lu avec tant de plaisir les poésies toscanes et les lettres sur Naples, Fucini qui a commencé par être ingénieur à Florence et s'est retiré au fond de sa province natale, du côté d'Empoli, avec un emploi d'inspecteur primaire. « Il y est très heureux, me dit Fogazzaro. Giosuè Carducci est venu le voir récemment. » La campagne, le salut des concitoyens, la considération dans tout le municipe et quelquefois la visite d'un confrère célèbre d'une autre province italienne : voilà l'idéal de la vie pour toute une élite, là-bas.

A dîner, la famille du sénateur était réunie autour de lui. Ses deux fils et leurs femmes habitent le même palais. Le fils aîné s'occupe d'agriculture ; le second est assesseur d'un juge de paix, il a épousé une Vénitienne charmante qui, même après plusieurs années songe encore, avec une nuance de regret, aux larges horizons de la première patrie, aux ciels immenses reflétés par la lagune. Tout ce monde est très uni, simple et sérieux. L'hôte qui entre est reçu aussitôt dans une sorte d'intimité touchante. On l'accueille en ami de la veille. Quelle opinion a-t-il du pays italien et de la chère Vicence? La première impression, au clair de lune, a-t-elle été bonne? Aime-t-il les pinsons rôtis sur canapé de mie de pain, qui sont un plat vénitien? Que de belles choses il verra demain, au grand jour, si le temps est beau! On parle aussi devant lui des élections dont quelques résultats sont déjà connus. Fréquemment un domestique apporte un télégramme ou un billet annonçant le succès ou l'échec d'un ami. Ce sont des explosions générales de joie ou de regret. Le sénateur prend son crayon, et, sur une page de carnet, il écrit la réponse, une phrase pesée, composée, jolie, qu'il lit à la famille avant de la remettre au valet de chambre : de vrais chefs-d'œuvre de ce style lapidaire, dont j'ai trouvé partout les Italiens friands. Ils dégustent un billet bien tourné, ils le reprennent, ils se donnent la satisfaction de le déclamer, afin d'en mieux saisir l'harmonie : « Que c'est bien dit ! » font-ils, et ils se passent la page blanche, les uns aux autres, comme une bonbonnière pleine.

Le sénateur excelle évidemment dans cet art délicat. C'est un lettré, un homme aimable et d'une activité incroyable. Voilà vingt ans qu'il est entré au Sénat, où le roi l'a appelé dès la quarantième année accomplie, et je sais que bien peu de ses collègues peuvent se flatter d'être plus assidus ou plus laborieux que lui. Quand il est à Rome, on peut dire qu'il habite au Sénat. Tout le monde le connaît et l'a vu, serré dans sa redingote, alerte, avec sa bonne figure encadrée de favoris blancs, comme en portait l'ancienne magistrature, le sourire résigné d'un homme qui a vécu, les yeux vivants d'un homme d'esprit et, quand il sort, toujours coiffé d'un chapeau de soie, le dernier de Vicence, assure-t-il. Ce soir, il préside la table, assis à l'un des bouts. Il prend part à la conversation, même en limant ses billets.

Quelqu'un prononce, au hasard, le nom de Bædeker.

— Ah! oui, le guide qui apprend si bien à traiter avec les gondoliers !

Et alors, il récite de mémoire, très sérieusement, ce passage exquis, en effet, du livre allemand : « On lui dit (au gondolier) ce qu'on veut payer, en expliquant, au besoin, le nombre par des signes. S'il n'a pas l'air de vouloir s'accommoder des prix habituels, on s'en va sans plus de façon. Pour les courses à l'heure, on tire sa montre, en disant : *all' ora.* »

— Monsieur le sénateur, vous êtes, je crois, officier des Saints Maurice et Lazare?

— Et décoré de la couronne d'Italie.

— Vous n'avez pas d'insignes?

— Mais non. Ma boutonnière est muette et ma carte de visite aussi. Vous qui parlez si volontiers de l'amour-propre italien! Nous ne portons pas nos décorations. Même à la cour, dans les réceptions ordinaires, les ordres nationaux ne s'exhibent pas.

— La distinction est de n'en pas porter, ajoute Fogazzaro.

Nous causons du Sénat.

— Monsieur, me dit M. L..., je considère comme un bien pour mon pays que ni les sénateurs ni les députés ne reçoivent de traitement. Nous n'avons d'autre avantage que le parcours gratuit sur les chemins de fer. Pour si peu, nous risquons moins de voir la politique devenir un métier. Il faut une certaine situation déjà pour briguer une candidature, ou pour appartenir à l'une de ces catégories dans lesquelles le roi nomme les sénateurs. Et, le titre conquis, notre vie n'en est pas entièrement changée. Les avocats restent avocats, les médecins font toujours un peu de clientèle, les professeurs professent.

— Oui, le Sénat est à Rome, mais les sénateurs sont en province.

— Pas tout à fait. Il est certain que le nombre des présents n'est point aussi considérable qu'avec un autre système. Au Sénat surtout, il ne représente habituellement qu'une minorité variable, qui grossit aux jours d'orage et s'amincit par les temps calmes. Cela n'est pas sans inconvénients, mais quels sérieux avantages, en revanche ! Nous ne subissons pas l'influence prolongée des milieux politiques, dont vous avez raison de vous plaindre en France. Moins éprouvés par le climat parlementaire, nous demeurons en contact fréquent avec les populations. Nous savons infiniment mieux l'état vrai de l'opinion, les besoins, les vœux des gens des campagnes et de nos concitoyens, tandis qu'avec des Chambres permanentes et des députés ou sénateurs obligés de vivre toute l'année dans les capitales, l'opinion publique n'est qu'un argument que tout le monde invoque et dont personne n'est sûr.

La causerie s'était continuée, sur vingt sujets pareils, dans le salon d'en bas, sous le regard indulgent de deux portraits de famille dont les modèles, sans doute, avaient eu, en leur temps, le même esprit libre et sage, la même humeur accueillante. Pas un mot ne l'avait ramenée vers cette question, toujours sous-entendue aujourd'hui, entre Italiens et Français, de nos relations internationales. Nous avions parlé comme des gens de dix ans plus jeunes, ou peut-être de dix ans plus vieux. Mais, au moment où j'allais me retirer, le sénateur me prit à part, et, espaçant les syllabes, souriant du piège qu'il me tendait avec un plaisir avoué :

— Mon cher monsieur, me dit-il, je vous prie de méditer sur un point. Étant mêlé à la politique, je suis tout excusé d'y faire allusion. Je constate donc que les relations commerciales avec la France nous sont très utiles, nécessaires même. On prétend que la triple alliance seule y met obstacle. Je vous le demande : est-ce vrai ? Croyez-vous sincèrement que cette Chambre, aveuglément protectionniste, ne nous refuserait pas, même si nous n'étions pas alliés de l'Allemagne et de l'Autriche, un traitement qu'elle refuse à des nations tout à fait neutres? La triple alliance n'a donc rien à faire ici. On doit la laisser de côté, comme un élément étranger, contre lequel nous ne pouvons rien d'ailleurs, et voir seulement s'il ne conviendrait pas, dans l'intérêt des deux peuples, de tenter un compromis économique, un arrangement, un rapprochement. Ne me répondez pas! Non, pas ce soir! Vous me donnerez votre sentiment demain, quand nous serons en route à travers les Colli Berici, dans la belle lumière calme, dans la campagne sereine!

Nous les avons parcourues, en effet, les Colli Berici, et je comprends mieux, à présent, qu'il y eût tant d'ermites en ce pays, au temps jadis, clercs ou laïques, de grande famille souvent, qui se bâtissaient une cabane de pierre, creusaient un puits, plantaient un olivier avec une douzaine de pieds de vigne, et vivaient là. Nous montons d'abord en voiture une longue route coudée, bordée, du côté de la ville, par un portique voûté. Il y a autant d'arches que de grains dans le rosaire, et, sur chacune, est inscrit le nom d'une famille de Vicence, bienfaitrice insigne dont la générosité assura la construction de l'œuvre. Après la dernière arche, au tournant de l'église de la Madonna del Monte, où mène cette voie triomphale, nous entrons dans le jardin d'une villa particulière, plantée sur le sommet du mamelon. Les allées suivent le bord sinueux du plateau. Elles traversent des touffes épaisses ou légères d'arbustes, elles ont des jours merveilleusement ménagés. Autour de nous, quelques hauteurs pareilles, couvertes de pampres et d'arbres fruitiers jaunis par l'automne. Un villino les domine. Deux ifs l'encadrent de leurs plumets d'un vert sombre, bien droits sur un fût noir. On approche. La pente raide se découvre, tapissée de vignes, puis, tout en bas, au delà d'un ruisseau, au delà des bandes de prés traversés de lignes d'arbres, la ville toute rose, dans un voile de brume matinale, et le cercle lointain des Alpes, qui montent par étages, comme fleuries de bruyères à leur base et blanches au ras du ciel.

— Venez maintenant, me dit le sénateur, vous verrez une chose bien différente.

La chose bien différente, c'était, dans le couvent abandonné qui touche l'église, la cène de saint Grégoire le Grand, par Véronèse. Le tableau, qui rappelle la cène du même peintre, au Louvre, occupe tout le fond d'un ancien réfectoire, entièrement blanc et nu. Il a été lacéré, en 1848, par les soldats autrichiens, qui ont fait trente-deux morceaux de cette toile admirable, restaurée avec amour dans la suite. Une inscription, où perce l'émotion, l'espèce de tendresse des Italiens pour leurs trésors d'art, rappelle le vandalisme des étrangers. Un plan, qu'on peut voir dans une salle voisine, reproduit le tracé bizarre des coups de couteau et de sabre qui mutilèrent le chef-d'œuvre.

— Ces temps-là étaient de tristes temps! soupire M. L...

— Qui ne vous ont pas laissé de trop mauvais souvenirs, cependant? Vous voici alliés.

— Que voulez-vous! nous leur disions : « Passez les Alpes! » Ils l'ont fait.

— Pas de bonne grâce.

— Nous l'avons oublié. Eux aussi : d'ailleurs, les actes de stupide destruction, comme celui-ci, n'ont pas été fréquents, ni pendant l'occupation, ni pendant la guerre, du côté des Autrichiens.

Une demi-heure plus tard nous visitions la villa *de' Nani*, appelée ainsi à cause des figures grotesques de nains posées sur la balustrade, en bordure du chemin. Vrai type de villa italienne, l'habitation du maître est séparée de la maison des hôtes, long bâtiment où je croyais voir entrer quelque grande dame du dernier siècle, venue de France ou d'Angleterre, avec ses gens, ses caisses et ses carrosses. Toutes les chambres, tous les salons sont peints à fresque par Tiepolo : on y voit de la mythologie et des Chinois, des caricatures et des scènes tragiques d'une belle fraîcheur.

Et la campagne est ravissante alentour. On l'aperçoit, par les larges baies vitrées, moins

vaste que tout à l'heure, mais plus molle encore
de lignes et d'une intimité dont le charme vous
enveloppe. Par-dessus les bosquets de la villa,
semés de statues blanches, des pentes de collines cultivées en vignes et en vergers, une
vallée qui s'en va vers la gauche, et tourne
avec une grâce de fleuve, et se perd entre
d'autres collines, un air très pur, des gazons
ravivés et des feuilles flétries par l'automne,
point de bruit, si ce n'est, par moment, un
coup de fusil suivi du vol bondissant d'une
grive ou d'une troupe d'étourneaux. Si les
Italiens demeurent à peu près le même temps
que nous à la campagne, — ils quittent la ville
aux premières chaleurs et ne rentrent qu'en
décembre, — ils y sont retenus par des raisons un peu différentes des nôtres. Leurs villas
sont, moins que les châteaux de France, ap-
propriées aux réunions nombreuses et bruyantes.
La saison des chasses n'existe pas. La Saint-
Hubert se fête au plus avec un salmis de
merles ou un civet de lièvre. Mais il y a souvent un ami ou deux, et plus de lecture, plus
de rêve, plus de promenades à pied, plus
d'heures paresseusement dépensées à goûter,

du bord d'une terrasse ou du milieu d'un salon orienté avec art, la poésie languissante d'un automne moins rapide que le nôtre. M. L... exprimait une idée pareille lorsqu'il me conduisit dans la maison de Fogazzaro, — tout près du domaine *de' Nani*, sur la même arête de colline et devant le même horizon, — et qu'il me dit, montrant le cabinet du poète, meublé à la parisienne, encombré de bibelots, et percé de trois fenêtres ouvertes sur les Colli Berici : « Croyez-vous que ce soit Fogazzaro qui fait des vers ? Vous voyez bien que non : c'est la campagne qui chante ! »

L'excellent homme ne se crut pas quitte des devoirs de l'hospitalité pour m'avoir reçu la veille et accompagné le matin. Il voulut me montrer Vicence en détail. Je passerai sous silence le musée, — les guides en parlent, — la bibliothèque où je trouvai deux bibliothécaires prêtres, à tournure monacale, très savants, paraît-il, bibliophiles passionnés, le théâtre olympique, où l'on jouait *Œdipe roi*, à la fin du xvie siècle, les rues même, si curieuses, pour parler d'une œuvre toute moderne : l'école industrielle de Vicence. Elle a

4

été fondée sur le modèle de nos écoles d'arts et métiers. L'Italie n'en possédait qu'une seule à Fermo, dans les Marches, quand, il y a seize ans, un des industriels les plus riches du nord, un homme de bien, dont les tissages de laine occupent à Schio cinq mille ouvriers, M. Alexandre Rossi, résolut de doter sa province d'une institution qu'il était venu étudier en France, et qu'il jugeait indispensable au développement de l'industrie en Italie. Je me souviens avec quelle sorte de prédilection il s'exprimait, au cours d'une visite que j'eus la bonne chance de lui faire dans les montagnes de Schio, sur l'école de Vicence. Il a créé, il entretient beaucoup d'autres œuvres destinées à améliorer le sort de ses ouvriers. Aucune ne lui a coûté plus que celle-là, je ne dis pas seulement d'argent, mais d'efforts et de persévérance. Il n'entendait pas doter, en effet, une institution d'État, mais, fidèle à l'esprit décentralisateur et libéral qui anime tant de ses compatriotes, il voulait un établissement provincial, ayant une certaine autonomie, s'administrant lui-même ; il tenait à réserver au fondateur, à la province, à la commune, leur part très légitime d'influence et de direction, et à faire inscrire, dans la liste du personnel enseignant, le nom d'un aumônier, d'un *direttore spirituale*, comme ils disent là-bas. Après de nombreux pourparlers, il réussit. M. Rossi donnait près de quatre cent mille francs, le gouvernement, la province, la commune, s'engageaient à verser une somme annuelle, et les quatre puissances partageaient le pouvoir.

Il est dit, en effet, dans le décret qui reconnaît et organise l'école, que la *junte de vigilance* ou conseil directif, sera composée du fondateur, M. Rossi, et d'un de ses délégués, d'un délégué du gouvernement, d'un délégué de la province et d'un délégué de la commune. Elle exerce de larges attributions, cette junte, elle administre l'école, vote le budget, délibère sur les modifications à apporter dans les programmes, nomme les professeurs et le directeur, sous réserve de l'approbation ministérielle, fixe les traitements et statue sur les cas disciplinaires. Le directeur reçoit huit mille francs et le logement, les professeurs quatre mille francs. Les études, à la fois théoriques et pratiques, préparent des contremaîtres pour les usines de constructions mécaniques et les industries textiles, des mécaniciens pour les chemins de fer et la marine marchande. Après trois ans d'études, les élèves passent un examen de licence, et l'école s'occupe de les placer dans l'industrie italienne. Tout paraît bien entendu et bien réglé. Les bâtiments, que j'ai visités avec le directeur, M. Boccardo, fils de l'économiste connu, étaient d'une irréprochable propreté et abondamment aérés. On travaillait, dans les ateliers munis de machines dont plusieurs ont été construites sur place. Des jeunes gens, de quatorze à dix-sept ans, limaient, tournaient, foraient, menuisaient, et la discipline ressemblait à celle des régiments italiens, plus tolérante, plus paternelle que dans les pays du nord des Alpes.

L'école industrielle de Vicence est la plus prospère de la péninsule. Le nombre des élèves va sans cesse grandissant. Il était de soixante-dix-huit en 1889-1890, de cent dix-sept en 1890-1891, de cent quarante-neuf en 1891-1892 et de cent soixante au début de l'exercice 1892-1893. La seule institution du même genre qu'on puisse comparer avec elle est, comme je l'ai dit, l'école de Fermo. Il n'existe ailleurs que des écoles partielles préparant à une seule profession et d'une importance médiocre, par exemple l'école de plâtrerie de Doccia, près de Florence, l'école de dentelles de Rapullo, près de Gênes, et surtout celle de Murano, à Venise, où l'on sait que cette jolie industrie, si florissante autrefois, reprend vie et donne du pain à plusieurs centaines d'ouvrières.

En route. — J'ai souvent observé que les Italiens avaient moins de plaisir que nous à dire du mal de leur pays. C'est peut-être qu'ils en pensent un peu moins de bien. Quand on leur objecte un défaut grave, une infériorité certaine, ils glissent, ils avouent par leur simple silence. « Nous avons eu tant de peine à nous faire accepter comme grande nation, me disait l'un d'eux, voulez-vous que nous allions nous diminuer nous-mêmes à vos yeux ? »

Deux voyageurs viennent de monter dans le wagon. L'un porte de la fourrure. L'autre n'en a jamais porté. Il a la mine efflanquée d'un homme qui court après la fortune, et doit appartenir aux provinces du Sud, dont il a le type maigre et ardent. Il ne s'est pas assis qu'il se plaint de la lenteur du train : « Mauvaise ligne ! Est-ce que cela marche ! Moi qui viens de France et d'Angleterre, j'ai été habitué à autre chose ! » Aussitôt, le voyageur qui lui fait face le prend de très haut avec lui : « Que dites-vous ? Ce train marche parfaitement. Nos lignes italiennes ne le cèdent en rien aux autres. Moi aussi, monsieur, je suis allé en France. Est-ce que les trains y sont plus rapides ? Paris-Lyon, peut-être, l'express du Nord, peut-être. Mais la moyenne, je vous défie de prouver qu'elle soit supérieure à la nôtre ! » Et, sans transition. « Il y a la plus complète sécurité à Rome et dans la campagne de Rome, monsieur, vous pouvez aller, venir, de jour, de nuit, sans danger. Puisque vous voyagez, affirmez donc la même chose de Paris ! »

Le Méridional s'est mis à regarder par la portière, et l'homme du Nord s'est tourné vers moi, pour me prendre à témoin de la rapidité du train. Je me suis plaint seulement des secousses produites par le mauvais état de la voie. Il a trouvé l'observation juste, et a continué la conversation. C'était un homme d'affaires, instruit des choses du présent et très assuré de l'avenir. J'ai craint qu'il ne fût également administrateur du réseau adriatique, et cela m'a gâté ses appréciations sur les chemins de fer. Mais j'ai goûté la façon dont il jugeait l'industrie italienne.

— Vous avez vu, me dit-il, l'affiche placardée dans nos gares, une femme aux fortes mamelles, qui porte une banderole avec cette inscription : *Risorgimento industriale italiano?*

— Oui, monsieur.

— C'est une réclame pour une maison d'acide tartrique. Lorsqu'un commerçant commande un motif d'art pour orner ses factures ou ses prospectus, c'est presque toujours une femme à la puissante poitrine, habillée d'une robe aux plis soufflés par la bise. Souvent elle joue de la trompette. Vous avez pu constater que la déesse de l'acide tartrique n'en jouait pas. Et elle a raison. Je ne prends même pas très au sérieux ce « réveil industriel » d'une nation qui n'a jamais été célèbre par ses manufactures. Nous avons quelques établissements industriels, fondés de longue date et prospères, le long de nos frontières du Nord et de l'Ouest. Nos soieries sont connues, les meubles sont toujours fabriqués avec succès dans la haute Italie. Mais les tentatives récentes pour implanter chez nous de nouvelles industries, malgré le bruit fait autour d'elles, n'ont pas toutes réussi. Loin de là. L'opinion même est devenue plus sage, sur ce point, et commence à comprendre que les transformations de cette nature ne se décrètent pas. Mon Dieu, je pourrais vous citer, parmi les entreprises qui paraissent heureusement commencées, la fabrique de wagons montée à Venise, une autre d'ustensiles de ménage et de cuisine en fer, établie à Sesto, près de Milan, et qui a dû porter une certaine atteinte au commerce parisien. Mais peut-on, de bonne foi, ranger dans ce nombre les fonderies et aciéries, travaillant pour l'État, comme celles de M. Armstrong à Pouzzoles? Elles occupent un personnel considérable. C'est vrai. Mais elles ne sauraient constituer un « mouvement » ni un « réveil » industriel. Pour être franc, il faut avouer que l'ouvrier italien n'a pas encore la main faite, et que l'apprentissage sera long; il faut savoir dire que le progrès industriel chez nous est encore peu de chose, et qu'il se développera très difficilement, parce que nous manquons du premier outil, de l'élément essentiel, jusqu'à présent : la houille.

Une demi-douzaine de personnes compétentes m'ont confirmé, dans la suite, cette appréciation d'un inconnu.

Quand on parle aux Italiens de leur littérature, les femmes disent généralement : « Je ne lis que des romans français » ; les hommes en disent quelquefois autant, mais ils ajoutent : « Ce n'est pas surprenant si notre littérature est inférieure à la vôtre. Chez nous, toutes les intelligences, depuis quarante ans et plus, ont été tournées vers la politique. Les luttes pour l'unité italienne, puis l'organisation du royaume, ont enlevé à leur vocation véritable un bon nombre d'écrivains et de poètes. Mais déjà les œuvres originales éclosent plus nombreuses, et vous verrez qu'un jour prochain la littérature italienne aura sa place honorable parmi celles de l'Europe. »

Je le souhaite avec eux. Il suffit d'examiner la physionomie, le geste, le style oratoire de certains membres du Parlement, pour se convaincre, en effet, qu'on se trouve en présence d'un artiste égaré dans ses voies. L'Italie a perdu, à faire son unité, plusieurs grands écrivains.

D'autre part, il est vrai qu'au milieu d'un grand nombre de livres médiocres, d'imitations faibles et souvent maladroites d'ouvrages étrangers, les Italiens ont produit, ces dernières années, quelques œuvres d'un mérite réel et pleines de promesses. Est-ce une école qui commence ? Peut-être. Nous connaissons les voyages de De Amicis, mais fort peu ses romans ou ses recueils de nouvelles, le *Roman d'un maître d'école*, par exemple, ou ces deux livres pour les enfants, *Cœur* et *Entre l'école et la maison*, dont le premier surtout a obtenu en Italie un succès énorme, — j'ai entre les mains un exemplaire de la cent trente-sixième édition. — De Amicis me semble cependant bien plus original, bien plus national sous ce nouvel aspect. Je laisse de côté tous les essais de romans du grand monde, du monde bourgeois ou du demi-monde, qui n'ont pas paru très heureux jusqu'à présent, à l'exception du *Daniele Cortis* de Fogazzaro. Mais les *Nouvelles du Val d'Aoste*, de Giuseppe Giacosa ; les récits de mœurs toscanes de Mario Pratesi, *In provincia;* les *Veillées de Néri*, de Renato Fucini, un autre Toscan ; plusieurs œuvres de Gabriele d'Annunzio, un styliste éminent, né dans les Abruzzes, qui a tenté plusieurs voies littéraires; surtout les nouvelles de Salvatore di Giacomo, de madame Matilde Serao, d'Onorato Fava, de Verga, sur lesquels je reviendrai en parlant du sud italien, me paraissent des œuvres de haute valeur, toutes nées de cet amour de la province que je signalais tout à l'heure, et, à cause de cela, vivantes, vraies, colorées. Même pour un étranger, il est évident que les conteurs italiens ont trouvé là une veine féconde, d'une richesse inépuisable. S'ils savent s'y tenir, nous aurons des chefs-d'œuvre. Et tout les y porte : le succès, leur sentiment tendre et juste des souffrances populaires, le voisinage intime, presque le mélange des classes, dans une société demeurée moins orgueilleuse, au fond, et plus chrétienne que la nôtre, la variété des coutumes locales, des types, des races, et ce merveilleux élément de couleur et de poésie, les dialectes.

Nul ne s'y trompera, d'ailleurs. La tradition que la prose italienne semble très heureusement vouloir reprendre, les poètes de dialectes l'avaient conservée. Eux, ils n'ont jamais failli à leur vocation. Ils sont restés les plus Italiens des auteurs, inconnus en dehors de la province dont ils parlaient la langue, familiers, grossiers quelquefois, mais sans modèles au delà des frontières, expression d'un petit peuple qui leur donnait la joie d'une adoration véritable, en compensation de la gloire impossible à atteindre. Si vous interrogez, leurs noms sortent de partout. En Piémont, c'est Arnulfo, mort il y a quelque temps déjà ; dans le dialecte de Milan, Ferdinando Fontana ; dans celui de Pise, — la patrie du bel italien, pourtant, — Neri Tanfucio (Renato Fucini) ; dans le patois de Rome, le célèbre Belli, qui écrivit de violentes satires contre Grégoire XVI et Pie IX, et finit en traduisant les hymnes du bréviaire romain ; dans le patois de Naples, un nombre incroyable de poètes et de chansonniers. Presque tous ont une préférence marquée pour le sonnet. Sous cette forme brève, faite pour le trait, il n'est guère de sujet qu'ils

n'aient tenté. Mais le héros ne change pas.
C'est le peuple qui parle, qui rit et se moque,
ou qui pleure ; c'est lui qui trouve des mots
d'un imprévu, d'un esprit, d'une intensité de
sens admirables. Il est le juge, il est le poète,
il est celui qui passe, avec sa misère habituelle
ou sa courte joie, dans le décor familier des
rues ou des champs. Laissez-le dire. Sa verve
est puissante, sa langue est pleine d'or et de
scories comme un minerai. Il émeut les simples qui l'écoutent, et, sans le savoir, tandis
que les écrivains de la langue littéraire copiaient
tous les genres sans parvenir à trouver le leur,
il a gardé, il a fait vivre, pour l'avenir prochain, la petite branche de houx sauvage qui
portera la greffe et des fleurs inconnues.

A présent beaucoup y reviennent, à cette
étude de la vie populaire, de la vie italienne.
Quelques-uns l'abordent avec le souvenir trop
persistant de leurs lectures réalistes ou de leur
éducation classique. Mais l'amour est là, l'a-
mour qui crée les vraies œuvres. Ils aiment ce
dont ils parlent, ils commencent à comprendre que tout l'artifice de l'imagination ne vaut
pas un mot profond sorti de l'âme, et, par

moments, quand on lit certaines nouvelles observées, sobres, familières, on a le sentiment, qui ne trompe jamais, d'une chose que tout le monde a pu voir, mais qu'un Italien seul a pu écrire.

Les poètes sont moins rares encore, en dehors des dialectes. La langue italienne se prête si bien aux vers! Elle a tant de rimes en *a* et *o !* Elle est si chantante ! Je crois qu'il y a peu de jeunes gens, munis de la licence classique, *licenza liceale*, qui n'aient tourné une sérénade, un sonnet ou une élégie. Un grand nombre persévèrent, — ce qui prouve une vocation, — jusqu'après trente ans, souvent même jusqu'à la vieillesse. J'ai connu des hommes mûrs et rangés, qui vivaient à l'ombre de leurs citronniers, et écrivaient, sur l'amour, des vers fougueux ou tendres, qu'ils imprimaient eux-mêmes, et pour leurs seuls amis, avec des machines à eux, sans aucun souci de gloire, mettant une couverture noire quand la pensée du recueil était triste, et reliant en parchemin blanc les inspirations des jours meilleurs.

D'autres essaient d'envahir les revues, toujours prudentes en face des lignes rimées. Je dirais que l'Italie du Nord, et particulièrement la Vénétie, est féconde en poètes, si Naples n'était pas là, qui pourrait réclamer. « Ils sont soixante-deux dans la seule Vérone, » m'assurait en riant mon ami F... « Le souvenir des amants immortels les poursuit. Trente a Giovanni Prati ; Trieste possède Gazzoletti et Francesco dall'Ongaro, — remarquez-vous cette revendication de Trente et de Trieste? — Vous connaissez assurément Luigi Carrer de Venise et le fameux Giacomo Zanella, prêtre de Vicence, dont les vers ont une réputation dans toutes les provinces ? »

Oui, je connais Zanella, et même plusieurs de ses émules. J'avoue que je les goûte médiocrement. Mais j'ai lu mademoiselle Ada Negri, une toute jeune et toute moderne poétesse, et j'ai été ravi.

Elle doit avoir vingt-deux ans. Elle est née à Lodi, et ç'a été une pauvre enfant, élevée par une mère veuve et misérable. A dix-huit ans, elle était envoyée comme maîtresse d'école primaire à Motta-Visconti, un bourg sur les rives plates du Tessin, toute seule, sans appui, sans avenir probable, ayant peu lu, faute de livres, mais convaincue de son génie, orgueilleuse, irritée contre la vie, et décidée à ne point se laisser vaincre par elle. Deux ans plus tard, Ada Negri publiait son premier volume de vers : *Fatalità*. Elle avait pris son inspiration tout près d'elle, dans sa misère, dans son enfance oubliée, méconnue, traversée. Le cri de révolte qu'elle jetait fut entendu, comme tous les cris de passion vraie. Elle eut immédiatement des partisans, des amis, des articles, des demandes de collaboration. L'éditeur Trèves écoula en très peu de temps la première édition de *Fatalità*. Et le succès, je vous assure, était bien mérité. Ada Negri est un poète. Elle parle une langue étonnante de force. Elle a je ne sais quelle manière audacieuse et chaste de dire. Elle n'est point ignorante, et elle reste jeune fille. On devine que cette révoltée se consolera. Mais elle restera poète et, je le crois, tout à fait à part dans la littérature contemporaine de son pays. Lisez *Birichino di Strada* (gamin de la rue), *Popolana*, *Buon di Miseria*, *Nenia materna* (chanson maternelle), et vous serez ému par ces vers ardents, souffrants, avides de vivre, avides d'amour. Voici une petite pièce, une des plus tristes : *Autopsia*.

« Maigre docteur qui, les yeux fixes, avec une cruelle — et dure convoitise, — tailles et tourmentes ma chair nue, — du tranchant froid de ton scalpel,

» Écoute, sais-tu qui j'ai été? Je défie la morsure — sans pitié de la lame, — ici, dans l'affreuse salle, — je te raconterai mon passé.

» J'ai grandi sur les cailloux des routes, jamais — je n'ai eu maison ni parents ; — sans chaussures, les habits en désordre, sans nom, j'ai erré — à la suite des nuages et du vent.

» J'ai connu les nuits sans sommeil et l'inquiet — souci du lendemain, — l'inutile prière et le désespoir secret, — et les jours sans pain.

» J'ai connu toutes les fatigues extrêmes, — et les misères obscures. — J'ai passé au milieu des visages sombres et ennemis, — partagée entre les larmes et la crainte.

» Et finalement, un jour, sur un lit, — blanc d'hôpital, — un ange noir a étendu sur moi, — son aile aux ongles courbes.

» Et je suis morte ainsi, entends-tu, seule, — comme un chien perdu, — je suis morte ainsi sans une parole — d'espoir ou de salut.

» Comme elle brille ; comme elle est noire et épaisse, — ma chevelure qui coule ! — sans un baiser d'amour elle sera ensevelie, — sous la terre froide.

» Comme il est virginal, et blanc, et flexible, — mon corps, et comme il est léger ! — A présent tu le déflores de l'avide — baiser de ton couteau !

» Va donc ! Taille, déchire, coupe, tranche... — qu'importe ? je suis matière vile ! — Cherche dans mes entrailles, cherche l'horrible — mystère de la faim !

» Descends avec ton scalpel, jusqu'au fond — de moi-même, et arrache le cœur, — cherche-le dans mon cœur, cherche le sublime — mystère de douleur.

» Toute nue ainsi, sous tes yeux, — je souffre encore, sais-tu ? — De mes prunelles vitreuses, je te regarde, — et tu ne m'oublieras plus.

» Car, sur mes lèvres, — comme un dernier — souffle de passion, — frémit un râle sourd — de malédiction. »

Après le grand succès qu'elle a obtenu en Italie, mademoiselle Ada Negri vient d'être nommée à l'une des écoles normales de Milan.

Un grand éditeur, — ils sont presque tous du nord, — me disait : « Les villes où on lit le plus sont Turin, Milan et Trieste. Très lettrée, Trieste l'*irredenta*. L'Allemagne achète aussi passablement nos ouvrages italiens. Quand un volume a du mérite, j'en vends cinq cents exemplaires en Allemagne et cinquante en France. »

Aux devantures des librairies, et dans les catalogues, j'ai rencontré maintes fois des traductions de M. Zola, dont les Italiens font volontiers observer l'origine italienne. La faveur du public s'est tout autrement répartie entre les diverses œuvres du romancier, en deçà et au delà des Alpes.

Ici, tandis que l'*Assommoir*, *Pot-Bouille*, la *Terre*, n'ont que deux, trois, cinq éditions, *une Page d'amour* atteint quatorze éditions. Préférence esthétique ? Je ne le crois pas. J'inclinerais plutôt à penser que le titre a fait la fortune du livre, chez un peuple où l'amour,

— le mot et la chose, — tient tant de place, et qui possède, pour exprimer l'idée de beauté, six noms pour un. Après *une Page d'amour*, nos voisins ont beaucoup lu *la Débâcle*. L'attrait était d'un autre genre. Ils ne me semblent guère, à quelques exceptions près, apprécier les différences de style, même les plus grosses. J'ai entendu plusieurs hommes et plusieurs femmes, dans des salons, parler avec attendrissement de M. Guy de Maupassant et, presque dans les mêmes termes, de M. Fortuné du Boisgobey.

Autre signe. Nous avons quelques journaux qui publient des « petites correspondances », mais combien pâles, en comparaison de celles que je rencontre ici, à la quatrième page d'un grand nombre de feuilles, et des plus sérieuses! Je prends au hasard.

La passion se révèle et grandit :

« Belle Florentine, j'ai cru comprendre le signe de votre éventail. Si j'ai deviné, mettez-vous à la fenêtre, demain, même heure.

» Merci! J'espère recevoir de bonnes nouvelles. Courage, mon ange, mon trésor, mon repos !

» La santé de maman empêche encore mon

retour. Cependant, quand je songe, le regard plongé dans l'azur profond du ciel, à chaque étoile qui franchit les monts, à chaque souffle de la brise, je confie le salut de mon cœur, pour vous, ô très sympathique *(simpaticona)*.

» Heureux et sûr de votre amour ! Je vivrais mille ans que je vous aimerais mille ans, idéal de mon cœur, unique reine absolue, toute ma pensée, toute mon âme ! Mille baisers, petits, moyens et grands *(bacini, baci e bacioni)*. Je t'adore ! »

Malheureusement, un soupçon se glisse :

« Étoile adorée ! vous vous amusez beaucoup ? Pourtant, je vis pour vous seule ! Écrivez, au moins. Ce long retard me fait pressentir de tristes nouvelles. Mon Dieu ! quelle peur ! Je me défie d'un officier... J'ai d'affreuses prévisions ! »

Il y a aussi l'*ultimatum*, parfois en forme brutale.

« Bien peu de gentillesse dans votre façon d'agir. Si vous êtes décidée à ne pas m'écrire, dites-le, parce que vous ne recevrez plus mes correspondances. Rappelez-vous que je n'ai jamais prié le sexe faible. »

Il y a enfin le congé !

« Dieu te pardonne l'abandon où tu me laisses ! Hier, je te l'ai dit du haut du balcon. Adieu ! Tu m'as cruellement trompé ! »

Qui sait ? peut-être était-ce le même désabusé, assagi par l'expérience, qui faisait annoncer, dans *la Tribuna* du 21 octobre : « Trompé en amour, je désire épouser une jeune fille, une veuve, même d'âge, avec une petite dot. »

Padoue. — J'ai toujours aimé Padoue et Bologne à cause de leurs arcades. J'aime aussi, à Padoue, dans la basilique, la chapelle de saint Antoine, où sont les hauts reliefs de marbre blanc les plus éloquents que j'aie vus. J'allais donc les revoir, cette *Suicidée* de Sansovino, cette résurrection de l'enfant rendu à la mère, quand je fus distrait par un placard affiché sur les piliers des galeries. C'était un appel d'un comité quelconque, pour élever une statue à la mémoire d'un héros dont le nom m'échappe. On y rappelait, au début, que le héros s'était acquis une gloire immortelle parmi les hommes, en prenant part aux expéditions de Garibaldi, et, vers la fin, on le montrait jouissant dans les cieux de la félicité des saints. Assurément, dans la pensée des rédacteurs, la qualité de garibaldien n'était pas la moindre vertu qui eût mérité au défunt le bonheur éternel. Ils disaient « garibaldien » avec onction, comme on aurait dit chez nous « membre des conférences de saint Vincent de Paul ». Nous n'aurions pas trouvé ces rapprochements-là. L'âme italienne est pleine de contrastes, pour nous inexplicables. Quelque chose nous empêchera toujours de la comprendre tout à fait : notre extrême logique, notre inaptitude naturelle à la *combinazione* N'est-ce pas à Bologne que j'ai vu la statue de l'aumônier de Garibaldi ? Ouvrez les journaux les moins religieux, vous y lirez, à côté de l'indication du lever et du coucher du soleil : « *Ave Maria* de l'aurore, 5 heures 15 minutes ; *Ave Maria* du soir, 5 heures 22 de l'après-midi. »

Les étudiants de l'Université ne sont pas rentrés. Je ne rencontre, dans le joli cloître intérieur où sont sculptés, peints et dorés, les blasons des anciens élèves nobles d'autrefois, que des ouvriers en train de réparer le pavage, un appariteur qui voudrait bien me montrer la chaire de Galilée, — une espèce de tour d'approche en bois blanc, que je connaissais, — et le recteur de cette année, M. Charles Ferraris. Peut-être sait-on que les recteurs des universités italiennes sont pris dans le corps professoral et élus par lui, pour un an. M. Ferraris m'emmène dans son cabinet. Je trouve en lui un homme obligeant et distingué. Il appartient à la Faculté de droit, où il occupe la chaire de statistique. Voici la seconde année qu'il remplit les fonctions de recteur, ayant été maintenu dans sa charge, comme l'ont été plusieurs de ses prédécesseurs.

Il regrette que nos Facultés françaises n'aient pas toutes un annuaire pareil à celui qu'il me remet, et qui donne les détails les plus circonstanciés : la liste des professeurs et administrateurs de l'université, celle des ouvrages publiés par eux dans l'année, l'horaire de chaque faculté ou école, les résultats des examens subis, le nom et la patrie de tous les étudiants inscrits. « J'envoie à un grand nombre d'écoles supérieures notre annuaire, me dit-il, et j'en reçois assez peu en retour, particulièrement de la France. » Cette grosse brochure laisse une fort belle idée de la prospérité de l'Université de Padoue. Le nombre des étudiants, qui était d'un millier en 1884, est monté, en 1891, à mille trois cent quinze. Je vois que l'énumération des travaux de droit, de médecine, de lettres, de sciences naturelles et mathématiques, de pharmacie, composés par les professeurs, n'occupe pas moins de trente pages du recueil. Je constate, en outre, comme je l'avais fait à Bologne, il y a deux ans, la très large admission de cours libres, professés par des *privat-docent*. Malheureusement, je ne pourrai en entendre aucun : « l'Université ouvre habituellement ses portes le 20 octobre, me dit M. Ferraris. Les examens occupent une quinzaine, et les leçons commencent dans les premiers jours de novembre. Cette année, à cause des élections,— beaucoup de nos étudiants sont électeurs, — la rentrée de toutes les universités est retardée. Le discours d'ouverture aura lieu le 26 novembre, et les cours ne reprendront que le 2 décembre. »

Un mois de perdu à cause des élections !

L'Université de Padoue n'a rien à redouter, évidemment, du projet déjà maintes fois agité, aujourd'hui présenté au parlement et dont on s'entretient jusqu'au fond des provinces. On en veut aux petites universités, ou mieux aux facultés isolées que d'anciennes et glorieuses traditions, plutôt que des services réels, maintiennent encore debout. Question budgétaire avant tout. Le président de la commission, M. Luca Beltrami, qui est député de Milan, faisait remarquer, dans un discours à ses électeurs, que certaines universités n'ont que cent ou même cinquante étudiants, qu'on peut citer des facultés qui comptent huit étudiants partagés en quatre sections et jusqu'à sept étudiants pour six cours. On trouve même, paraît-il, une école d'ingénieurs ayant juste cinq élèves. Qu'allez-vous devenir, pauvre Sienne, que les étudiants appellent *Siena gentile*, et vous, Urbino, et vous, Macerata, et vous, Camerino, et vous, Ferrare ?... Petites villes, le temps des ducs est passé ! L'ombre a perdu de sa poésie. Les hommes ne montent plus sur des mules les sentiers qui mènent à vos rues tournantes.

Toutes vos richesses d'art ne retiennent plus les cœurs. Ils ont encore un peu la curiosité du passé. Mais l'amour profond qui attachait les pères aux murs des vieilles cités, aux rues familières, à la maison de famille, s'en va diminuant chez les fils d'aujourd'hui. Nos âmes se sont répandues par le monde. Elles ne reviendront plus au nid. Elles le laisseront tomber avec un soupir, sans le bien défendre, parce qu'elles l'ont quitté, et que la douceur du chez soi ne se retrouve plus entière après un seul adieu. Que fera-t-on de ces cloîtres où la jeunesse riait ou rêvait, la jeunesse maintenant ensevelie, oubliée, dont les rêves ni les rires ne renaîtront jamais? Mettra-t-on des soldats à dormir où vos maîtres enseignaient la science de votre temps? Les couvents ne suffisent plus à les loger. Peut-être sera-ce la ruine pure et simple. Et cela vaudrait mieux. Il y a du respect à laisser mourir les choses saintes.

Pourtant un ami m'a dit : « Les gouvernements autoritaires ont de grands défauts, mais ils ont le pouvoir de réformer. Les gouvernements parlementaires dépendent des députés, qui dépendent de leurs électeurs, qui sont eux-mêmes menés par leurs passions locales et par leurs intérêts. Vous verrez que nous ne supprimerons ni les universités, ni les sous-préfectures, ni les écoles d'ingénieurs inutiles. »

Il a peut-être raison, pour un temps.

J'admire l'âme, la pitié singulière et touchante que les Italiens ont su enfermer dans ces quatre lignes, gravées sur un palais de Padoue : « *Fazioni e vendette — qui trassero Dante, — 1306, — Dai Carrara da Giotto, — Ebbe men duro esilio.* — Les factions et les vengeances, — traînèrent ici Dante, — en 1306, — Grâce aux Carrara de Giotto, — il eut un moins rude exil. »

Je sors d'un grand dîner. Parmi les convives, deux officiers, des anciens, qui ont fait campagne avec les Français. On a parlé de la France avec une sorte de regret poli, où il y avait plus de souvenir poétique que d'amour, plus de retour vers la jeunesse que d'élan de cœur vers la compagne d'autrefois. Une conversation de divorcé, que son second mariage n'a pas comblé. On m'a su gré de ne pas insister. D'une façon générale, si les Italiens disent rarement du mal de leur pays, ils n'admettent pas que vous en disiez ; s'ils font allusion aux services rendus par la France, vous les gênez en appuyant ; s'ils se lancent, comme cela peut arriver, dans un éloge excessif de leur pays, ils vous prennent pour un imbécile si vous les croyez. Quand un militaire vous dit : « La France nous a été d'un grand secours à Solférino ! » répondez : « Comme vous avez été braves en Afrique ! » vous aurez tous deux raison, et vous serez bons amis.

Bologne. — Le sénateur m'avait donné une lettre pour le lieutenant-général Dezza. Je prends une voiture, et je me fais conduire au commandement du 6ᵉ corps d'armée, avec deux de mes amis, l'un Bolonais, l'autre Français et capitaine d'infanterie. Un soldat nous introduit au premier, dans un salon d'attente, et va prévenir le général. Au bout de cinq minutes, nous sommes reçus dans le cabinet de travail où l'officier général est debout, très grand, très large d'épaules, la moustache et la barbiche blanches, vêtu de la petite tenue : tunique noire à col rabattu marqué d'un U (Umberto), sans décoration, culotte grise à double bande rouge et bottes à l'écuyère. Mon ami de Bologne nous présente, et expose notre désir de visiter une caserne italienne. La physionomie du général se détend aussitôt. Il nous parle en français : « Messieurs, dit-il, vous ne pourrez pas dire au moins que votre visite a été préparée. Je vais vous donner un mot pour le colonel. Une caserne d'infanterie, n'est-ce pas ? — Oui, général. » Et nous repartons pour l'ancien couvent de Servi di Maria, où loge aujourd'hui le 27ᵉ de ligne, près de ce cloître ajouré, vous vous souvenez, dont les colonnes font une ombre si fine sur la rue.

Le régiment arrive de l'exercice. Beaucoup d'officiers dans le couloir peint à l'huile, noir en bas, jaune dans le haut, « ce qui est beaucoup mieux, me souffle mon compagnon français, que nos badigeonnages à la chaux et au noir de fumée. » Le lieutenant de service, l'écharpe de soie bleue en sautoir, nous mène dans le cabinet du colonel, près de l'entrée, à gauche. Il est presque luxueux, ce cabinet, avec de jolies tentures, des rideaux aux fenêtres, quelques objets d'art. Et le colonel, cavaliere Pittaluga, est un homme des plus aimables. Il a le type de l'homme de guerre, maigre et alerte, et les yeux bleus. « Messieurs, nous dit-il, j'ai été reçu en Corse, de la façon la plus courtoise. J'ai visité des casernes aussi. Et je tâcherai de vous rendre ce qu'on a fait pour moi. Je vous conduirai. Venez. » Nous passons dans la salle de réunion des officiers, où je n'aperçois que des journaux militaires, — la bibliothèque est à la division, — puis dans une salle à manger où sont dressés huit couverts. « Cela n'existe pas dans tous les régiments, nous dit le colonel. J'ai voulu que mes officiers pussent prendre leur repas à la caserne, avec moi, si cela leur convenait, et à des prix très modestes... Veuillez faire apporter du vermout, » ajoute-t-il en s'adressant au lieutenant de service. Le vermout di Torino apporté, le colonel lève son verre, et, comme il est Italien, c'est-à-dire habile à nuancer les choses : « A la confraternité des armes ! » dit-il. Et un bon sourire tempère et adoucit la réserve obligée des mots. Nous entrons dans la salle d'escrime, un peu petite, mais peinte par des soldats qui ont du goût et de l'invention. Ils ont représenté sur les murs une foule de motifs militaires originaux, bien enlevés, en ouvriers teintés d'artistes qu'ils sont. Le colonel nous dit n'avoir jamais besoin de recourir à la main-d'œuvre civile pour les aménagements intérieurs de la caserne. Les cuisines paraissent bien tenues. Dans le réfectoire des sous-officiers, attenant à leur salle de réunion, quatre tables, dont une pour l'état-major. L'ordinaire n'est pas le même qu'en France : les sous-officiers ont, le matin, la soupe, un plat de viande et du fromage; le soir, la soupe, deux plats et un dessert, du vin en outre à chaque repas, et paient un franc cinq centimes par jour. Les hommes, qui reçoivent deux cent cinquante grammes de viande le matin, ne mangent le soir que des pâtes, avec la soupe. Ils semblent d'ailleurs bien portants. Mais combien leur physionomie diffère de celle du troupier français! Je les regardais, dans les cours, dans les corridors, dans les appartements que nous traversions. Tandis que les officiers causaient, corrects, irréprochables de tenue, eux n'avaient pas même l'air de s'apercevoir d'une visite évidemment peu commune. Pas de ces mines gouailleuses qu'auraient eues nos fantassins en croisant l'étranger, pas de ces rires derrière les portes, pas d'appels à haute voix, pas de ces plaisanteries lancées comme par hasard, d'une fenêtre à l'autre, et que le respect dû aux grands chefs n'arrête guère. On devinait des hommes doux, dociles, portés à la mélancolie. La plupart semblaient de tout jeunes gens, ayant peu de barbe. Au passage du colonel, ils se rangeaient et saluaient, tranquillement, posément, et, lui disparu, n'éprouvaient pas ce besoin de mouvement et de paroles, que provoque, chez les Français, une contrainte de cinq minutes. Les officiers les traitent doucement. « Quelle belle mission ! nous dit le colonel, en montant l'escalier qui conduit aux chambres, celle de mon grade surtout : avoir la charge d'un régiment, s'occuper du corps et de l'âme de ses hommes! Je ne sais rien de plus intéressant, ni de plus grand. » Il disait cela en homme convaincu, et simplement. A l'entrée de la chambre de la 6ᵉ compagnie, un vieux capitaine, entendant monter les visiteurs, s'avance, la main au képi. Il est de ceux, — nous en connaissons tous de pareils, — qui ont mis toute leur vie, toutes leurs pensées dans le métier, passionnés, méticuleux et presque toujours excellents avec des allures terribles. Le colonel lui serre la main. « Voyez-vous, messieurs, j'ai de si bons capitaines, que je leur laisse la plus entière liberté pour « l'arrimage » des effets. Ce que vous verrez ici est du goût de celui-ci. » Et le vieux salue de nouveau, très touché. Décidément, voilà un colonel très fort.

La chambre de la 6ᵉ est propre, comme toute la caserne. Les lits ne sont pas très nombreux, car les effectifs sont restreints. Ils sont en fer, en forme d'X, et se plient pendant le jour, dans le sens de la largeur. Mon ami, qui est spécialiste, constate que « l'arrimage » de la 6ᵉ est excellent. Les vêtements que les soldats rangent sur la planche, comme dans nos casernes, ne dépassent pas l'alignement, ni d'un côté ni de l'autre. Par-dessus, le sac en poil, notre vieux sac, que les peintres ont dû regretter; par-dessous, le bidon en forme de tonnelet. Mais les vêtements, pour chaque homme, sont en moins grand nombre que dans nos casernes. Le pain, que nous goûtons, est un peu inférieur à celui de nos troupes, et les magasins, où sont les effets de mobilisation, ne semblent pas renfermer un approvisionnement considérable. Peut-être que nous n'avons pas tout vu.

Au moment où nous prenons congé du colonel, celui-ci nous montre, ouvrant sur le couloir d'entrée, trois portes bardées de fer. « Vous devinez, n'est-ce pas? nous dit-il. En prenant possession de ce casernement, j'ai trouvé des inscriptions au-dessus de chacune : chambre de discipline, prison, etc. Je n'admets pas cela. Il ne faut pas que le soldat, en arrivant à la caserne, ait l'impression qu'il arrive dans une geôle, ou du moins dans un lieu où il sera malheureux et puni. Et, le jour même, j'ai tout effacé de ma main. »

Nous nous retirons, somme toute, avec une bonne impression, qui serait profitable à certains, dont l'opinion toute faite se refuse à étudier les progrès militaires accomplis chez nos voisins, et qui continuent de parler de l'armée italienne avec une grande légèreté.

Quand nous avions demandé de quels points de l'Italie venaient les soldats du 27ᵉ d'infanterie : « de Livourne, d'Udine et de Messine, » nous avait-on répondu. Or Udine appartient à la haute Italie, Livourne à la moyenne et Messine à la basse. Tous les corps italiens, sauf les vingt-deux bataillons d'Alpins, exclusivement composés d'habitants des frontières nord, se recrutent ainsi, dans un ou deux districts des trois grandes zones territoriales.

Dans le même régiment, dans la même compagnie, les hommes de provinces différentes se rencontrent, et vivent trois années côte à côte. Et non seulement les soldats de l'armée active, mais les réserves devraient se grouper d'après le même principe. En cas de mobilisation, on verrait des Siciliens obligés de rejoindre leur drapeau en Lombardie et des Piémontais se rendre en Calabre. La raison d'un système aussi gros d'inconvénients apparaît évidente : le recrutement a été organisé pour fondre ces éléments si divers, et toutes les objections n'ont pu prévaloir contre la volonté d'achever, par l'armée, l'unité italienne.

A-t-on réussi?

Il est hors de doute que la fusion est commencée. Les rivalités ne sont plus ce qu'elles étaient. Les frontières intérieures de l'ancienne Italie s'effacent de jour en jour. Mais l'œuvre est loin d'être terminée. Si vous interrogez un passant quelconque sur sa nationalité, même en vous servant des mots les plus généraux, comme celui de pays ou de patrie, il vous répondra : « Je suis Piémontais, Vénitien, Calabrais, Sicilien. » Il ne répondra pas : « Je suis Italien. » A propos de mariages, de politique, de commerce, vous entendrez sans cesse l'habitant d'un ancien duché ou d'un ancien royaume parler sans ménagement de la province voisine. Un Napolitain vous dira, par exemple, comme l'un d'eux me l'a dit : « Je n'aime pas aller à Rome. Ces Romains nous reçoivent comme des étrangers. » Mais les différences sont surtout sensibles, et je ne crains pas d'affirmer qu'un reste d'animosité est encore vivant, entre gens du nord et gens du sud, entre le nord industriel et riche et le midi pauvre, entre le nord réfléchi et le midi bavard, entre le Milanais qui a sa villa au bord du Lac Majeur, et le Palermitain qui possède un fief électoral dans un district montagneux de Sicile. Voici quelques mots recueillis çà et là, et qui m'ont frappé.

Un riche commerçant du nord me disait : « L'idée de Napoléon avait du bon : royaume de la haute Italie, royaume de la basse Italie. En tout cas, ce sont deux territoires qui ne devraient pas avoir les mêmes institutions. »

Un Piémontais : « Nous sommes un pays trop long, monsieur. Jamais la tête et la queue ne se toucheront. Si on les y force, la tête mordra la queue. »

Un autre : « Savez-vous, monsieur, un des principaux obstacles que rencontre la propagande républicaine dans notre pays? C'est qu'un homme qui prêcherait une révolution serait nécessairement d'une province. Et cela suffirait pour qu'il fût peu écouté dans les autres. Voyez-vous un habitant des Marches prêchant un Calabrais? »

Un Florentin : « Vous êtes, en France, bien plus centralisés que nous. Cependant, nous trouvons que nous le sommes déjà beaucoup trop. Dans le grand monde et dans toutes les provinces, ici même, et à Rome, et à Naples, et à Palerme, quand on ne parle pas français, on parle patois. L'italien est plutôt négligé. Nous nous servons de ce procédé lent et doux, en manière de protestation indirecte contre l'excessive unité que plusieurs voudraient nous imposer. M. Crispi songeait à fonder une académie des dialectes à Rome. Le temps lui a manqué pour réaliser cette idée originale. Mais il avait le sentiment de la vitalité des langues provinciales. Et, soyez-en sûr, il y a dans cette persistance du dialecte, parmi les gens du monde surtout, un sentiment d'orgueil et d'indépendance très profond. »

Or, tous ceux qui me parlaient de la sorte étaient des partisans de l'unité italienne. Ils me le faisaient observer, et ils ajoutaient que, si l'unité politique est une bonne chose, les nuances de vie et d'humeur, les traditions locales, la dignité du municipe en sont une autre.

Ce soir, j'errais dans un vieux quartier de Bologne. La rue était étroite entre deux rangs d'arcades sombres, où les promeneurs passaient invisibles. Je suivais la raie de lumière. A un détour, j'entends des cris. Une sorte de bandit déguenillé, en chapeau pointu, sort d'un vicolo, traînant un enfant qui résiste et crie au secours ! *Soccorso ! soccorso !* Il est tragique, le petit. Il a les bras étendus, la tête vers la galerie noire où il a vu des ombres se mouvoir. Ses yeux luisent, agrandis par la peur : *Soccorso ! soccorso !* L'homme l'entraîne. Au bout d'une trentaine mètres, la lutte continuant, une demi-douzaine de gens du peuple sont sortis je ne sais d'où, et ont paru sur la chaussée. L'un d'eux, que son manteau couvrait des épaules aux pieds, a saisi le bras libre de l'enfant, et, avec beaucoup de sang-froid, bien que sa bouche eût un frémissement de colère, il a dit au vaurien qui emmenait le petit : « Arrête-toi, et explique-toi. » L'autre l'a regardé en dessous, une demi-minute, sans rien dire. Puis, sentant qu'il n'était pas de force, il a commencé une espèce de plaidoirie. Après trois ou quatre phrases, l'homme au manteau a tiré l'enfant à lui, et l'a mis en liberté. Le petit s'est sauvé à toutes jambes, fou de terreur. Les deux hommes se sont de nouveau regardés, puis se sont écartés l'un de l'autre.

En France, nous aurions commencé par

arracher l'enfant à l'oppresseur, au nom des immortels principes. Et, presque sûrement, les hommes se seraient ensuite battus, sans explication.

Elle est curieuse, l'histoire de cette église de Saint-François, qui sera bientôt, la restauration achevée, l'un des plus purs exemplaires du style gothique italien. Je la connaissais bien, quoique les guides ne la mentionnent pas. Un de mes amis bolonais me l'avait fait visiter avec amour. Un autre m'y ramène, pour me montrer le progrès des travaux. Il me raconte, devant la façade de briques rouges, aux fenêtres encore bouchées, par quelle série d'aventures a passé le monument. Les Français de la Révolution, vers 1796, en firent une douane. Même après la chute de l'empire, la profanation subsista, et ce ne fut qu'en 1840 que le pape Grégoire XVI, — qui gouvernait Bologne par un de ses légats, — fit restituer l'église aux franciscains mineurs conventuels. Ceux-ci entreprirent de la rouvrir, mais le goût très peu sûr des architectes du temps la rendit méconnaissable. Les colonnes furent chargées d'énormes revêtements, d'affreuses chapelles en brisèrent les lignes, des peintures à la manière d'Épinal achevèrent de lui donner un air de grange enluminée. Le général Cialdini fut peut-être frappé de cette ressemblance, car, en 1866, il s'empara de l'église, et déclara qu'elle lui servirait de magasin militaire. Et elle demeura ainsi, lamentablement réparée, abandonnée violemment, chose oubliée, jusqu'en ces dernières années. Mais Bologne a ses artistes jaloux de l'honneur de leur ville. Quelques-uns parmi ses citoyens les plus distingués, le jeune comte Nerio Malvezzi, le comte Joseph Grabinski, M. Alfonso Rubbiani, entamèrent des négociations pour sauver et rendre au culte le pauvre édifice. Ils avaient de grands projets, et, chose digne d'être notée, ils furent tout de suite encouragés par un mouvement d'opinion. Après de longs efforts, ils parvinrent à obtenir que l'église Saint-François serait cédée à la municipalité de Bologne, qui en fit hommage, à son tour, au cardinal-archevêque. Alors, en 1886, les travaux de restauration commencèrent. On avait retrouvé les plans anciens. On voulait rétablir l'église dans sa belle harmonie d'autrefois. Il fallait démolir des chapelles, dégager les colonnes, gratter les murailles, refaire des fenêtres, placer des vitraux. Ce furent de simples particuliers, ceux que j'ai nommés et quelques autres, qui s'en chargèrent. Ils ont jusqu'à présent dépensé plus de cent mille francs, donnés par des citoyens riches de Bologne. En 1888, la reine Marguerite, s'étant vivement intéressée à leur œuvre, obtint du gouvernement un secours de vingt mille francs. Aussitôt, les parrains de Saint-François achetèrent et firent démolir les vieux bâtiments des messageries, qui gâtaient un côté de l'abside. Et ils découvrirent, réparèrent, mirent en belle place, au bord de la rue, trois tombeaux merveilleux, à colonnettes précieuses, trouvés à demi détruits : ceux de trois grands glossateurs bolonais, Accurse, Odofredo et Rolandino de'Romanzi. J'ai pénétré dans le chantier où des ouvriers achevaient de restaurer les chapitaux si finement dessinés d'une des tombes. J'entends encore le ton ému de mon ami, disant aux ouvriers en blouse, montés sur l'échafaudage : « Voulez-vous bien permettre à un étranger, qui s'intéresse à l'art, de voir où nous en sommes, dans nos travaux de Saint-François ? »

Partout on peut rencontrer, plus ou moins, ce souci des monuments anciens. Les Italiens connaissent très bien leurs richesses d'art. Ils les aiment mieux que nous n'aimons les nôtres. Il y a chez eux un sentiment public, là où nous n'avons que des archéologues et une commission des monuments historiques.

Cette jalousie est très vieille en Italie. Du temps que le Conseil des dix gouvernait Venise, il avait rendu un décret relatif à l'art de la verrerie. On y trouve ce petit article : « Si un ouvrier transporte son art en pays étranger, au détriment de la république, il lui sera enjoint de revenir. S'il n'obéit pas, on mettra en prison les personnes qui lui tiennent de près. Si, malgré l'emprisonnement, il s'obstine à vouloir demeurer à l'étranger, on chargera un émissaire de le tuer. »

L'article finit toutefois par ces mots cléments : « Après la mort de l'ouvrier, ses parents seront remis en liberté. »

Florence. — Comme on est déjà pris, à Florence, par cette vision des maisons jaunes, par cette nonchalance du paysage, des gens, des attitudes, des voix, par cette abondance de fleurs, toutes choses reposantes et exquises, signes d'une contrée déjà méridionale! J'ai retrouvé les petites marchandes au coin des rues, avec leurs paniers pleins d'œillets, de narcisses, d'héliotropes, de roses et d'une jolie variété de capucines à cœur noir. En cette saison tardive, pendant que les montagnes qui enveloppent la ville sont couvertes de neige, il y a une joie vive des yeux pour une botte d'oseille qui passe. Mais la Florence des faubourgs est surtout belle de couleur. On n'y va guère, parce qu'on n'y trouve pas de monuments. Elle a sa poésie cependant. Les rues sont larges, pleines de poussière, bordées de maisons basses très blanches ou jaunes. Des verdures crues d'arbres verts pointent au-dessus des murs, dans les jardins fermés. Et puis, de temps à autre, ces boutiques de fruitiers que j'aime tant : une chambre étroite et profonde, toujours ouverte, une porte encadrée d'un feston de coloquintes d'or, des régimes de bananes pendus aux solives, des mannequins pleins de tomates, de noix, de raisins, d'oranges, de citrons, qui mêlent leur parfum à l'odeur de l'huile rance, une femme au milieu, assise, les épaules couvertes d'un châle rose, les yeux luisants dans la demi-ombre : tout au fond, l'étincelle d'une petite lampe brûlant devant une madone. Le matin, on voit s'arrêter là des charrettes longues, en forme de bateaux, peintes en rouge. Mon ami de France, l'officier, qui connaît bien l'Afrique, revient d'une course dans les quartiers suburbains. C'est la première fois qu'il voyage en Italie : « Oh! me dit-il, il suffirait de cinq à six burnous, dans ces rues-là, pour se croire en Orient. Je comprends mieux pourquoi ils nous en veulent tant d'avoir pris Tunis. L'Orient commence ici! »

L'expression est peut-être un peu forte. Mais la remarque est vraie. Elle explique un peu du charme, un peu des mœurs, un peu des choses et des hommes de ce pays, qui n'est pas tout latin.

Je ne suis pas arrivé à temps pour la première représentation des *Rantzau*. J'assiste à la seconde. La grande salle de la Pergola est toute pleine. Le succès de Mascagni devient un peu une affaire nationale. On est venu, pour y applaudir, de toutes les provinces de l'Italie. Et il suffit, pour s'en convaincre, de jeter un regard sur les loges et les fauteuils. Les types les plus variés s'y rencontrent. C'est d'abord le plus commun de tous, parmi les hommes, la face épaisse du Piémontais, le nez court et gros, la moustache dure, arquée, tombante au coin de la bouche. L'énergie, la rudesse même paraît en être la note dominante. Cependant, ce gros bonhomme qui cause avec son voisin, et qui peut être un industriel, un marchand, un député, un *impresario* indifféremment, a le sourire madré. Quand sa lourde main se lève, chose curieuse, le geste est délicat, très expressif. Et on se demande si cet énorme corps ne cache pas une âme fine, à ses heures. A côté, il y a des Florentins, gens de race, assurément, des têtes d'artistes riches et soignés, éminemment impressionnables, avec ce je ne sais quoi d'élégant et d'impénétrable qui caractérise tant de physionomies italiennes. J'aperçois aussi des Méridionaux, très noirs de cheveux, pâles, plus fiévreux de regard. Quelques-uns ont le masque court, la barbe en avant, très frisée, l'air astucieux, passionné, défiant. Encadrés, ils ressembleraient aux portraits des vieux *condottieri* qu'on voit dans les musées. Presque personne, malgré la solennité, ne porte le chapeau de soie. Mon voisin m'assure que le chapeau rond est préféré par une raison d'esthétique, les Italiens trouvant que le campanile noir dont nous nous coiffons détruit l'harmonie des lignes. Chez les femmes, le type de Junon ou de Minerve est le plus fréquent. Beaucoup de beaux yeux sombres et de traits réguliers, imposants. Les Dianes blondes sont plus rares, j'entends parmi les femmes du monde : elles courent les ruelles de Venise ou de Naples. Le rideau se lève. Mascagni n'a pas à se plaindre de la froideur du public. Je compte les rappels. Le jeune compositeur est rappelé sept fois au premier acte, six fois au second, quatorze fois au troisième et huit fois au quatrième. A chaque fois que les applaudissements éclatent, les acteurs, — dont deux au moins sont très bons, — s'interrompent. L'un d'eux s'en va vers la coulisse, et revient avec

Mascagni qui, souriant et grave, salue, montre de sa main libre les interprètes, pour faire entendre qu'il reporte sur eux tout l'honneur du succès, et se retire à reculons, un peu gauche, derrière un portant.

Il a, d'ailleurs, une large, heureuse et intelligente figure, ce jeune maestro tout imberbe, la bouche longue et bien faite, le front haut sous une forêt de cheveux bouffants. On sent une nature naïve et libre, enivrée de sa gloire précoce, quelques-uns disent prématurée, bien qu'il ait un véritable talent. J'essaie de deviner quelle est la part de l'admiration sincère et celle de parti pris, de la vanité nationale flattée, dans l'ovation presque continuelle qui lui est faite. Je crois bien que plusieurs de mes proches voisins les plus bruyants sont montés à froid. Mais je suis entouré de gens d'une autre race, acteurs admirables, lors même qu'ils n'ont pas besoin de jouer, et je ne sais pas.

L'un d'eux, dans un entr'acte, ami de cœur de Mascagni, me raconte l'histoire du compositeur. Elle commence, à la manière des biographies de beaucoup d'artistes, par la misère.

Mascagni est Toscan, il est né à Livourne, une ville toute de commerce, dont j'ai vu les rues et le port sous un jour brumeux, et qui ne m'a pas laissé de souvenirs. En 1884, après trois ans d'études au Conservatoire de Milan, pauvre d'argent, doué, paraît-il, d'un appétit formidable, il s'engageait, en qualité de sous-directeur, dans une troupe d'opérette, aux appointements de cinq francs par jour. Il vécut deux ans de cette vie vagabonde, courant les petits théâtres, tantôt avec un *impresario*, tantôt avec un autre. L'ennui l'en prit rapidement. Comme la plupart des Italiens, qui se marient très jeunes, il avait déjà pris femme. Il avait connu, aimé, épousé une chanteuse, honnête fille, pauvre comme lui. Et, vers la fin de 1885, ils s'établirent tous deux à Cerignola, une toute petite ville des Pouilles, près de Foggia. Mascagni s'y fit des amis. Il donna d'abord des leçons de piano, et commença un grand opéra, *Guillaume Radcliff*, qui n'est pas encore achevé. Puis, un jour, un grand événement se produisit à Cerignola. Le conseil municipal se réunit. Le maire arriva chez Mascagni : « Savez-vous jouer de tous les instruments? demanda-t-il. — De tous, répondit Mascagni. — Depuis la clarinette jusqu'à la harpe? — Naturellement. — Alors nous vous nommons directeur de l'orchestre municipal, à cent francs par mois. »

La fortune faisait des avances à Mascagni. Mais la banque locale lui en faisait également. Et la situation de *direttore della scuola orchestrale* n'eût jamais suffi à donner au pauvre musicien ni la gloire, ni la plus chétive aisance, si M. Édouard Sonzogno, le riche éditeur de Milan, propriétaire du *Secolo*, et sorte de Mécène pour les artistes italiens, n'avait ouvert un concours d'opéra-comique. Mascagni résolut de concourir, et composa, sur un livret de son ami Taglioni, et d'après une nouvelle de Verga, la partition de *Cavalleria rusticana*. Il fut l'un des trois élus, et le seul dont l'œuvre, représentée à Rome en 1890, obtint un grand succès. Le reste, je veux dire le voyage de *Cavalleria*, à travers l'Europe, est trop connu pour que j'en parle. Ce qui ne l'est pas, c'est que l'auteur de la nouvelle sicilienne, d'où le livret avait été tiré, voyant le triomphe inespéré de l'opéra de Mascagni, intenta un procès, qui vient d'être jugé, et que les droits du poète ont été estimés, par les tribunaux, à une somme énorme. « Bah! me dit mon voisin, c'est M. Sonzogno qui paiera. » Je lui demande : « Quelle raison d'abandonner une veine si heureusement ouverte? *Cavalleria* était sicilienne, nationale. Mais le sujet de Guillaume Radcliff? Mais celui des Rantzau? Croyez-vous qu'un Italien, même en musique, ne ferait pas mieux de s'inspirer de la poésie si abondante de la terre natale? » Il allait me répondre. Nous étions en ce moment au foyer, ou plutôt sous le péristyle de la Pergola, encombré de monde. On causait bruyamment dans les groupes. Un air de joie, une émotion vraie animait tous ces visages d'Italiens et d'Italiennes : le plaisir, très rare, très désiré, non encore épuisé de pouvoir fêter une œuvre nationale, un talent nouveau et, qui sait, un continuateur peut-être de Verdi vieillissant? Une rumeur nous fit nous détourner. Mascagni, nu-tête, les bras passés dans les bras de deux ses amis, jeunes comme lui, descendait en courant l'escalier étincelant de lumière. Ils riaient tous trois, sautant les marches comme des enfants. Et lui paraissait si heureux, il criait si naïvement sa jeune gloire, il était si bien le poète emporté dans le rêve de ses premiers succès, que j'ai fait comme tout le monde : j'ai applaudi de tout cœur.

Sienne. — Elle est difficile d'accès, *Siena gentile.* Il faut déjà l'aimer pour aller la chercher si lentement et si loin, dans ses collines où n'abordent que des trains omnibus. Mais comme elle récompense, comme elle fait oublier la route! Ah! la chère ville, qui vous prend le cœur à jamais! Je l'ai vue un soir et un matin. Le matin, elle était curieuse et belle. J'ai visité, avec une émotion continue et renouvelée, sa cathédrale bigarrée, sa *libreria* aux murs couverts de chefs-d'œuvre, son musée, ses rues, sa grande place d'une forme unique, taillée, dit la légende, sur le modèle du manteau d'un pèlerin inconnu qui traversait la cité. Du haut de son campanile, elle apparaissait toute rouge dans le vert des collines, divisée en plusieurs quartiers dont chacun formait un labyrinthe, comme si on l'eût faite de gros coquillages marins, aux enroulements réguliers, posés côte à côte. Mais la nuit, elle était extraordinaire et merveilleuse. Quiconque n'a pas vu Sienne au clair de lune ignore la beauté des ombres, et ce qu'elles ont en elles de puissance d'évocation et de rêve. Car les pierres ne parlent pas de même la nuit et le jour.

La nuit, leur couleur s'efface, les détails d'ornementation disparaissent, les silhouettes se dressent seules en l'air, et avec elles la physionomie essentielle du passé. Le moyen âge est là, tout vivant. Rappelez-vous une de ces ruelles sombres et tournantes, autour de nos vieilles cathédrales ; multipliez à l'infini, sur des pentes rapides, les mouvements imprévus de la rue, les contreforts lancés dans l'espace, les chimères qui surplombent, les portées d'ombre opaque, les raies de lumière bleue, les ponts jetés d'un palais à l'autre, les dentelles des cheminées à travers les étoiles, et vous aurez quelque idée de la vieille ville gibeline. Les gens ont l'air de se douter qu'ils traversent un pays fantastique, subitement restitué aux âges éteints. Ils vont sans bruit. Leurs boutiques ne font pas de lueur sur le pavé. Aucun bruit, aucune note éclatante de vie moderne n'interrompt le rêve ancien où l'on marche.

J'allais accompagné d'un jeune Italien, épris comme moi de la beauté de l'heure et du lieu.

Je l'avais rencontré dans le train de Florence à Sienne. Il était très grand, très mince, avec une figure en lame, des yeux doux et fins ; il portait une toque de laine bleue, terminée en arrière par un bec, et sur le côté droit de laquelle était brodé, en lettres blanches : *Siena*. Étudiant à coup sûr. Longtemps je l'avais écouté causer avec un vieux Siennois, mon voisin. Le vieux se lamentait sur la splendeur disparue de l'université de Sienne. « De mon temps, disait-il, nous étions douze cents élèves. Quels professeurs, mon Dieu ! Que d'hommes fameux en toutes sciences ! Et ils demeuraient chez nous, ils s'attachaient à notre cité. Aujourd'hui, pour plusieurs, être envoyé à Sienne équivaut à un exil. » Et le tout jeune homme répondait avec une courtoisie déférente. Il savait, lui aussi, le nom des professeurs d'autrefois, la date de leur mort, ou les chaires nouvelles qu'ils occupaient ailleurs. A cinquante ans de distance, il était l'écho de cet amour tendre, de cette vénération érudite dont débordait l'âme de l'ancien. « Combien êtes-vous aujourd'hui ? lui demandai-je. — Environ trois cents, monsieur, une centaine pour le droit et le reste pour la médecine. — Et vous appartenez ? — A la faculté de droit, répondit-il, en portant la main à sa coiffure. Nous avons repris les insignes des diverses facultés, après les fêtes du centenaire de Bologne. Le droit, vous le voyez, porte la toque azur ; celle de la médecine est rouge, celle des mathématiques verte, celle des lettres blanche et rose.— Pourquoi deux couleurs ? — Elle était blanche primitivement. Mais quand les étudiants entrèrent au cours, Giosuè Carducci leur dit : « Vous ressemblez à des cuisiniers. » Et ils ont ajouté du rose. Vous descendez à Sienne, monsieur ? — Oui. — Permettez-moi de vous servir de guide. Vous arrivez la nuit. C'est le moment le meilleur pour recevoir la première impression de notre Sienne. »

Il m'accompagna, en effet, parlant bas, et s'arrêtant de causer aux beaux endroits, pour désigner, d'un geste, une ligne de palais ou un tournant de rue, sous la lune. Il m'apprit qu'il était de Pistoie, venu à Sienne à cause de la modicité des prix, — vingt francs une chambre, soixante francs de pension, — tandis que Bologne et Padoue entraînent à d'assez fortes dépenses ; qu'il avait un grand amour pour l'antique cité toscane, et pour l'histoire, et pour Dante. « Je suis un passionné des études dantesques, me dit-il. J'ai étudié le point de savoir si jamais Dante était venu à Sienne, comme certains le prétendent. On veut qu'il ait passé dans toutes les villes dont il a parlé. J'ai écrit là-dessus une brochure. — Et comment est né cet amour ? — Très jeune, j'ai lu, là-haut, dans nos montagnes de Pistoie, les passages de la *Divine comédie* où il était question de ma ville. Cela m'a conduit à fouiller tout le poème. J'aime Dante à ce point, monsieur, que j'ai réuni chez moi, — *a casa*, — plus de deux cents volumes sur mon poète. J'ai vingt bustes et médailles qui le représentent. Je collectionne les gravures où sa belle figure est dessinée. Et je fais une thèse de doctorat sur ce sujet : *le Droit dans la Divine comédie et dans la Somme de saint Thomas.* »

Il me disait ces choses, par fragments, dans les rues où nous errions sans bruit, parmi les ombres coupées de lueurs bleues.

Quand je rentrai à l'hôtel de l'*Aquila nera*,

mon hôtesse, me voyant ravi, à cause de *Siena gentile :*

— Quel dommage, monsieur, que vous ne soyez pas venu en août ! Il y a de si belles fêtes ! On y voit les costumes des anciens Siennois, les hérauts d'armes, les seigneurs, les marchands, les bannières de tous nos quartiers défilant sur la place et dans les rues.

— Pour célébrer ?

Elle releva la tête.

— Pour célébrer, monsieur, la victoire remportée sur les Florentins *nel quattrocento !*

O longueur des souvenirs populaires, que nous ne connaissons plus !

II

LES MAISONS DE ROME ET LA CAMPAGNE DE ROME

Il ne faudrait pas visiter Rome. Il faudrait l'habiter, la contempler à ses heures de suprême beauté, lui dire des mots d'amour dont une ville a l'air de sourire comme une femme. Et ce sont là des moments rares, imprévus, que les guides sont impuissants à préparer, dont la douceur prend l'âme, tout au fond. Tenez, vous revenez, par exemple, un soir, d'une course lointaine à quelque ruine, avec la lassitude de l'histoire, des notes érudites, de tout l'appareil destiné à soulever notre admiration et qui la tue le plus souvent ; vous revenez, c'est le crépuscule. Les vapeurs montent de la vaste plaine, et sont rouges au couchant. Vous suivez une rue sombre, et vous levez les yeux. Devant vous, la colline est en pleine lumière, barrée de hautes façades jaunes, groupe étagé de palais dont chacun est une merveille de grandeur, dont l'ensemble est un chef-d'œuvre de fantaisie, et que tache çà et là un petit cyprès noir ou la gerbe d'un palmier. Vous vous retournez : derrière il n'y a plus que des ombres bleues, des toits de maisons qui ne sont que de longues lignes d'azur, des courbes infiniment pures de coupoles, s'enlevant sur le ciel qui est léger, couleur d'or pâle, pareil aux auréoles byzantines. La rue est silencieuse. Rome fait peu de bruit. Oh ! comme alors on subit l'ensorcellement de cette ville unique, comme on comprend les peintres, ou les âmes fatiguées et rêveuses, qui sont venues à Rome pour trois semaines, et ne l'ont plus quittée !

Vraiment, j'ai senti, à la revoir, que j'aimais Rome pour la première fois. Mais dire pourquoi et de quels éléments cet amour est formé je ne le saurais pas. Il y entre, comme dans tous les amours, une part d'inexplicable.

Je crois que l'accueil des Romains n'y est pas étranger. Ils ont une hospitalité naturelle, à la fois familière et réservée, que donne la longue habitude de recevoir. Chez les grands surtout, on rencontre une sorte de sentiment très particulière. Ils ne font aucune différence entre les étrangers. Italiens du nord ou du midi, Allemands, Français, Espagnols, Russes, Anglais, sont égaux devant la belle indifférence accueillante du Romain. Ils peuvent venir. On comprendra leur langue, leur nature, leur esprit ; on saura suffisamment l'histoire contemporaine de leur pays pour les entretenir de la patrie absente ; on ouvrira devant eux, avec la même bonne grâce, les salons qui sont des galeries et les galeries qui sont des musées, et chacun pourra se croire à peine sorti de chez soi, dans ce monde où tous les mondes passent. Cette égalité de traitement cache peut-être un fond d'orgueil hérité des anciens maîtres de la terre, une conviction de supériorité que les luttes des peuples plus jeunes, leurs succès, leurs conquêtes, les vicissitudes des fortunes particulières, la fortune même de Rome, ne sauraient atteindre et intéressent à peine. Elle est agréable cependant, et, bien qu'elle n'en soit pas un, elle flatte comme un hommage.

Rien n'étonne, au surplus, comme de rencontrer des gens qui ne sont étonnés de rien. J'imagine que nous sommes un peu, pour des Romains, comme des caravanes chargées de leur apporter non plus le tribut en argent, mais les nouvelles, une idée des affaires et du train du monde. Vous croyez leur apprendre quelque chose. Mais ils en savaient déjà la moitié, ou bien ils s'en doutaient. Les caravanes précédentes les avaient préparés. Ils avaient, avant vous, vu des *forestieri* de votre nation, ou d'une autre, grâce auxquels ils étaient renseignés. Aucune ville n'étant plus traversée que la leur, ils auraient une notion de tout sans même voyager. Et ils voyagent pour la plupart. Et ils ont tous des amis ou des parents dans les capitales, tous des revues, des journaux, et le don de divination, qui vient d'une longue pratique des hommes.

J'arrive, vers dix heures du soir, chez la

princesse A... Trois salons de suite, déserts, merveilleusements meublés et tapissés d'objets d'art. Dans le quatrième, la princesse est assise et travaille, vêtue de sombre, blonde, belle d'une beauté régulière et douce : c'est une Italienne, d'une de ces grandes races un peu tristes pour qui les Italiens pourraient avoir inventé leur joli mot de *morbidezza*. Son mari lit une revue, à demi couché sur un canapé. Il se lève, vient à moi, me présente, et reprend l'entretien commencé ailleurs, avec cette aisance, cette souplesse d'esprit et de mouvement qui se transmet si bien et s'acquiert très peu. Nous causons de vingt questions. Il a sur chacune des idées et, ce qui est plus rare, des lectures à citer. « Vous connaissez cet ouvrage allemand ? me dit-il. Vous feriez bien de consulter le volume d'un Anglais, lord D..., un de mes amis. Très curieux. » Il n'ignore ni la dernière pièce, ni le dernier roman, ni la dernière mode de France. Elle non plus. Et je suis sûr qu'ils en savent autant sur l'Angleterre, l'Autriche ou l'Allemagne. Elle parle peu, sensément, avec une sorte de dignité nonchalante. Un mot drôle fait venir à ses lèvres un sourire très fin, très vite effacé. La jolie tête blonde reste le plus souvent immobile, penchée, et le reflet de la lampe ne bouge pas sur le collier à gros grains d'or ciselé.

Un familier de la maison survient, un personnage des Calabres ou d'ailleurs, un *buzzurro*. Il est éperdument provincial auprès d'eux. A un moment, il a parlé de l'Italie, « cette jeune nation. » Le prince A..., d'un geste languissant, a repiqué son épingle de cravate, et, les yeux encore baissés : « Oui, toute jeune, a-t-il dit, avec beaucoup de siècles sur les épaules. »

Ce sentiment de la gloire de la Rome antique se retrouve dans toutes les classes de la société. Il me paraît l'emporter de beaucoup, au moins dans le cœur des Romains proprement dits, sur la vanité qu'ils tirent de la Rome moderne. Un employé de bureau me disait : « La grandeur de Rome a fait la grandeur de la malaria. On exagère celle-ci, à cause de l'autre. » J'ai rencontré, tout à l'heure, au coin d'une ruelle, deux gamins en culotte et en chemise, les pieds nus. Le plus âgé n'avait pas douze ans. Chacun tenait à la main un bout de bois pointu, en guise de poignard, et cherchait à toucher l'autre. Je me suis arrêté pour les regarder, ce qui les a singulièrement animés. Après un moment de lutte indécise, le plus grand s'est écrié : « Tu vas voir que je suis un Romain de Rome ! *Romano di Roma.* » Et il a porté à son adversaire un coup droit, qui a déchiré la manche à la hauteur de l'épaule. Non loin de là, dans l'angle d'une porte, une vieille, dont la jeunesse avait peut-être été disputée au couteau, riait silencieusement.

L'ancienne population a été débordée par une invasion d'étrangers. Rome comptait, en 1870, deux cent vingt-six mille habitants ; elle en a près de quatre cent mille, dit-on, d'où il suit que, sur quatre passants, deux seulement, en moyenne, sont Romains. Ceux-ci ont cependant conservé leur manière d'être et beaucoup de leurs usages. Dans la ville transformée ils continuent à parler le patois de Rome, à habiter les vieux quartiers ; ils sont, à la manière des ancêtres, intelligents, amis d'un travail coupé de nombreux repos, très enclins à compter, pour vivre, sur la générosité des grands, à considérer comme des droits quiritaires les sinécures des administrations publiques ou particulières, casaniers, un peu rudes d'apparence, mais d'apparence seulement, dans le gouvernement domestique, assez jaloux, et passionnés pour les petits tours à la campagne, où l'on ne dépense guère. Les femmes du peuple portent encore le corset de couleur vive. Les hommes des domaines seigneuriaux, des *tenute* lointaines, viennent, à certains jours, visiter ceux des faubourgs, et faire leurs provisions. Les bouchers, pour tenir écartés les flancs ouverts des moutons et des veaux, se servent de roseaux verts garnis de leurs feuilles. Personne ne se préoccupe beaucoup du lendemain. Tout se fait avec une lenteur diplomatique, *col tempo*. Si vous traversez, le soir, vers cinq heures, la place Colonna, vous la verrez pleine de gens qui sont là par la force d'une tradition immémoriale, causant, par groupes, des affaires de la cité ou des leurs propres. Les plus grosses entreprises rurales, comme les petites, se discutent là, sous les murs du palais Chigi. Parfois un vigoureux gaillard, au teint brun, met la main dans sa poche, la retire à moitié seulement, comble de blé qu'il laisse retomber assez vite, pour que le public ne soit pas au courant de la chose. C'est une vente de semences qui se conclut. Et vous pourrez observer, à la même heure et de la même place, que la coutume romaine de se promener au Corso, dans cette rue médiocre, longue et sans échappée, est demeurée triomphante, malgré la *via Nazionale* et les quartiers nouveaux.

Non, la transformation de Rome n'est pas le fait des Romains. Ils n'auraient pas conçu ce *plan régulateur*, hardi jusqu'à la brutalité, qui s'inquiète assez peu des églises et des souvenirs. Ils n'auraient pas détruit le pont Saint-Ange, comme on le fait en ce moment. S'ils l'avaient démoli, et qu'ils eussent trouvé des arches du moyen âge, que le Bernin avait seulement couvertes d'un revêtement et couronnées de statues, ils se seraient arrêtés. Et, s'ils avaient soupçonné, par-dessous les arches moyen âge, le troisième pont, d'époque romaine, que les travaux viennent de mettre à nu, ils en auraient dégagé un morceau seulement, pour avoir une ruine de plus. Ils étaient, au fond du cœur, et ils sont encore pour le système de la rue respectueuse, qui tourne le monument, et s'incline, à sa manière, devant lui. Mais ils ne protesteront pas, et se serviront du pont neuf. Parmi les habitudes qu'ils ont conservées de leur antique lignée, figure celle d'assister aux révolutions, non pas impassibles, mais avec une résignation de connaisseurs.

J'ai rencontré chez lui le commandeur G... M... Il était dans son cabinet de travail. Mais il m'a fait entrer dans une petite pièce à côté, un *salotto* quelconque. — A quoi bon laisser entrevoir qu'on rédige un rapport, qu'on a des correspondances, des dossiers, des livres ouverts sous la main ? — Il est donc sorti, pour me recevoir, du sanctuaire des affaires privées, et je lui ai dit :

— Mon cher commandeur, expliquez-moi le krach des maisons de Rome.

Il s'est approché d'une fenêtre étroite, ouvrant sur un paysage vaste, sur les *prati di Castello*, le Vatican et le Monte-Mario qui les dominent, le commencement de la plaine du Tibre fuyant à droite.

— A la distance où nous sommes, m'a-t-il dit, vous voyez que ce quartier a l'air presque entièrement bâti et habité. Il ne diffère pas beaucoup d'aspect des quartiers plus proches.

Cependant il est à moitié ruiné et à moitié désert.

Il se retourna du côté opposé, et, d'un geste, indiquant le mur peint en blanc, avec des encadrements légers, dans un goût vaguement pompéien :

— De ce côté également, vers la gare, sur les collines du Viminale et du Pincio, vous constaterez des ruines semblables. Elles nous font très grande honte, à nous Romains, et nous ne voulons donner suite à aucun projet d'exposition universelle à Rome, avant qu'elles aient disparu. Est-ce qu'on prétend convoquer le monde entier pour lui donner le spectacle de ces ruines toutes neuves?

» Nous avons voulu faire trop grand et trop vite. Ç'a été une première faute, faute de direction celle-là, qui en a déterminé d'autres, innombrables. La vieille Rome n'est pas maniable comme une ville moderne. Le sol miné, percé, plein de substructions de plusieurs âges, l'abondance des monuments encore debout, la fréquence des pentes, les habitudes d'un peuple ancien, qui ne se modifient pas en un jour, étaient autant d'obstacles avec lesquels il aurait fallu compter. On aurait pu transformer Rome lentement. Mon Dieu, ce n'est pas là une idée sacrilège, ni nouvelle. Le premier Empire l'avait eue. Vers la fin du régime pontifical, monseigneur de Mérode avait commencé à l'appliquer. Il représentait l'élément progressiste, quand le cardinal Antonelli incarnait la tradition. On peut l'appeler l'initiateur des grands travaux romains. Nous lui devons la construction de la gare, celle de la caserne de Macao, et surtout la *via Nazionale*, qui eût été plus belle s'il avait pu l'achever.

» Il l'avait conduite jusqu'auprès du Quirinal. Elle devait, de là, passer, sur un viaduc, au-dessus du Forum de Trajan, et, par une large courbe, déboucher sur la place de Venise, dans l'axe du Corso. C'eût été très beau, très harmonieux. Mais monseigneur de Mérode avait de plus vastes plans. Il y avait travaillé avec Lamoricière. Il les étudiait encore lorsque les Italiens étaient déjà maîtres de Rome, et les discutait avec le baron Haussmann, réfugié chez nous pendant la guerre franco-allemande. M. Haussmann s'y prêtait volontiers. On raconte même qu'un jour, pour résumer son avis, il aurait dit, en désignant les vastes terrains, non encore construits, qui s'étendaient autour de la gare : « Voyez-vous, monseigneur, votre Vatican, vos musées, vos galeries, c'est beau, mais c'est froid. Je voudrais faire prendre l'air à vos statues, et tracer par ici un bois de Boulogne sacré. »

» Le mot n'était pas joli seulement : il était sage. Beaucoup de Romains estiment, comme moi, qu'il eût été politique de ne pas chercher à déplacer brusquement le centre de Rome, d'arrêter par un bois de Boulogne, sacré ou non, le progrès de la ville vers ces régions lointaines, trop vastes, difficiles à couvrir, pour diriger tout l'effort des constructeurs vers les *prati di Castello*, pour faire sortir de terre un quartier nouveau, compact, entre le Tibre et le Vatican.

» Nous n'en sommes plus à ces rêves. La *via Nazionale*, au lieu de dépasser le Quirinal a servi à le dégager. Elle a été violemment détournée pour venir en zigzag, avec des pentes terribles, tomber à angle droit sur le Corso. On a projeté, puis entrepris des travaux gigantesques, tous à la fois. Après les premières années d'occupation, quand la conquête a été consommée par la résidence de la cour à Rome, quand on a vu la population s'augmenter rapidement, on a été pris d'une fièvre d'audace : on a entrepris de canaliser le Tibre, ce qui nous a coûté plus de cent cinquante millions; on a décrété que la Rome nouvelle surpasserait l'ancienne et l'absorberait, qu'elle serait une grande ville moderne et une place de guerre; on a publié ce fameux plan régulateur qui rendra Rome méconnaissable, et l'a rendue déjà, — au prix de sacrifices que je ne veux pas énumérer, — bien différente de ce qu'elle était.

» La première faute, faute de direction, je le répète, a donc été de prétendre improviser une capitale. On a, sans l'avoir cherché sans doute, provoqué toutes les spéculations et affolé les esprits. Les Italiens ont cru que Rome ne s'arrêterait plus de grandir. La ville éternelle est devenue un marché ouvert, et, les premières maisons bâties ayant donné de beaux bénéfices, tout le monde a voulu bâtir, non seulement les capitalistes, mais de simples brasseurs d'affaires, des gens qui ne possédaient qu'une redingote et des relations. Si bien que nous avons vu un de ces « instantanés », un entrepreneur de dixième ordre, faire une superbe faillite de quarante millions.

» Ah ! les beaux jours de folie ! De 1883 à 1887, nous avons vécu en pleine féerie. Les terrains vagues des nouveaux quartiers, les jardins, les vignes mêlées d'arbres fruitiers, — les délicieuses *vignes* si chères aux Romains, — s'achetaient au poids de l'or. Des princes dépeçaient eux-mêmes leurs palais et leurs parcs. Les banques de spéculation poussaient comme des champignons à l'ombre de nos grandes banques d'État. Il suffisait d'être connu de quelque employé supérieur, pour passer au guichet. Le candidat à la propriété foncière, sans argent, achetait un lot, une *area fabbricabile*. Il empruntait pour payer, et signait un billet à trois mois, renouvelable, qui était escompté en Italie, et, généralement, passait en France. La banque prenait hypothèque sur le terrain. On creusait les fondations. La banque reprêtait, pour construire le premier étage, et, l'étage bâti, prenait une nouvelle hypothèque, et ainsi de suite, jusqu'au pignon. Vous devinez si les murs montaient de tous côtés !

» Il s'en élevait tant que le nombre des logements tendait à dépasser celui des locataires. Un commencement de malaise se manifesta. Il s'accrut des rivalités, vraies ou prétendues, entre la Banque nationale et la Banque romaine : le bruit courait qu'elles ne s'entendaient pas comme deux sœurs. Mais enfin, nous nous en serions tirés, avec des prorogations et un krach modeste, comme toutes les nations s'en permettent, de temps à autre : la politique agressive de M. Crispi perdit tout. La France s'inquiéta. Vos banques devinrent réservées, puis décidément inhospitalières, et six ou sept cents millions de billets, ne trouvant plus de crédit, retombèrent sur la place de Rome.

» Ce fut la fin. Les banques de circonstance, voyant les sources tarir, refusèrent de prêter. Les entrepreneurs refusèrent, et pour cause, de rembourser. Les maçons descendirent des échafaudages, la truelle encore pleine. Les peintres s'arrêtèrent au milieu d'un filet. Les faillites de particuliers et de Sociétés éclatèrent comme un chapelet de mines reliées entre elles. La panique s'en mêla. En vain, pour conjurer la crise, M. Crispi obligea-t-il la Banque nationale à faire aux établissements menacés une avance de cinquante millions. Le désastre ne put être conjuré. Les Sociétés de crédit liquidèrent. A la place de l'argent, qu'elles avaient dispersé, elles ne retrouvèrent que des immeubles, la plupart à moitié bâtis, les autres difficiles à louer, parce que toute une armée d'employés, de directeurs et d'ouvriers avaient quitté Rome. Mais elles-mêmes étaient débitrices de grosses sommes envers la Banque nationale. Elles passèrent leur actif à leur principale créancière qui possède de ce chef, aujourd'hui encore, une partie notable des nouveaux quartiers. Voilà l'histoire. »

— Elle est simple en ce qui concerne les spéculateurs ordinaires. Mais comment expliquez-vous que de grands personnages, qui possédaient d'immenses fortunes, aient pu sombrer de la même façon ?

— Vous faites allusion à des princes ? Ne nommons pas... Tout le monde sait... Mais, en effet, monsieur, c'est une chose très étonnante, d'autant plus que le patriciat romain, surtout le monde noir, ne prodigue pas l'argent en réceptions, vit simplement, et, s'il n'a pas de dettes anciennes, venues d'héritage, offre l'exemple de ces belles fortunes, sans fissures, qui paraissent à l'abri même d'une imprudence. Malheureusement, ici, l'imprudence fut énorme, difficile à concevoir. Celui auquel vous pensez, comme j'y pense moi-même, avait surtout une fortune territoriale. S'il se fût contenté de vendre ses terrains, il aurait gagné. Mais il voulut jouer à lui seul le rôle d'une Société. Il emprunta pour prêter aux entrepreneurs, et ne prit pas même hypothèque. N'étant pas payé, il renouvela ses engagements, et laissa les intérêts s'accumuler. Au bout de peu d'années les quelques millions empruntés au début étaient devenus trente millions, et la faillite générale le surprit avec cette dette énorme, des débiteurs insolvables et sans garantie, et des terres hypothéquées, dépréciées par la crise.

— Et le pape? Est-il vrai que le saint-siège ait engagé et perdu des capitaux dans l'affaire?

— Oui et non. La chose a été exagérée et surtout mal expliquée. Je crois la bien connaître. Vous saurez donc qu'un prélat romain, monseigneur Folchi, administrait les finances du saint-siège, avec une commission de trois cardinaux, n'ayant que voix consultative. Peu à peu il s'abstint de conférer avec la commission, et, sachant l'activité de Léon XIII et le plaisir qu'il éprouve à faire le plus de choses possible par lui-même, se borna à prendre l'avis du pape, quand il en était besoin. Or, au moment où Rome s'abandonnait aux spéculations que je vous ai racontées, et cherchait partout des prêteurs, on représenta, de divers côtés, au saint-père, qu'au lieu de placer en Angleterre ses capitaux de réserve, il ferait mieux et plus patriotiquement, il rendrait service au peuple de Rome, en achetant des actions de plusieurs Compagnies romaines. Les valeurs se tenaient alors assez bien. Le pape suivit le conseil. Plus tard, la noblesse, engagée dans les affaires de terrains et de constructions, lui demanda de lui emprunter. C'est une tradition très ancienne et très naturelle des pontifes romains, d'aider de leurs deniers les grandes familles romaines. Le pape prêta donc, d'abord en prenant hypothèque. Puis on se relâcha des précautions nécessaires. Monseigneur Folchi, et c'est la grave erreur qu'on lui reproche, consentit à recevoir en nantissement des titres de ces mêmes Sociétés, qui devaient ou crouler, ou perdre la moitié de leur valeur quelques mois plus tard. Ces générosités accompagnées d'imprudences causèrent de gros embarras au saint-siège. On a dit qu'il avait perdu ainsi vingt millions. Cela eût été possible, s'il avait fallu réaliser de suite l'actif de créances et de gages. Mais une liquidation patiente donnera des résultats infiniment moins mauvais. Toutefois, vous ne serez pas étonné d'apprendre que l'ancienne commission de trois cardinaux a été rétablie, et qu'ils ont aujourd'hui, en matière de finances, voix délibérative.

Le commandeur m'avait répondu sur un ton de conversation aisée, avec une sorte de dilettantisme où je devinais le plaisir de jouer avec les mots et les souvenirs, de couvrir et de découvrir les personnes. Quand il en fut rendu à ce point, il changea brusquement de physionomie, et me dit, me regardant, avec une petite lueur dans les yeux :

— Maintenant, allez voir ! Mais ne soyez pas injuste. Rappelez-vous qu'au début, tout au moins, de cette entreprise inachevée, il y a eu un enthousiasme, un désir d'embellissement, une illusion peut-être sur la grandeur future de Rome, qui peut servir d'excuse à plus d'une faute, et qu'au surplus nous n'avons pas le monopole des affaires qui tombent!

J'allai donc voir, et j'avoue que j'avais été très prévenu contre les nouveaux quartiers par plusieurs de mes amis. Mes premières promenades me conduisirent, par mille détours voulus, du Pincio à la gare, de la gare à Sainte-Marie-Majeure, de Sainte-Marie-Majeure à Saint-Jean-de-Latran et au delà, hors les murs. Voici, rapidement, l'impression qu'elles m'ont laissée.

En deçà de la porte Pinciana, un grand nombre de maisons ont été construites sur l'emplacement de l'ancienne villa Ludovisi, dont on a conservé le casino, orné de fresques du Guerchin. Le prince Buoncompagni s'est fait bâtir un palais entouré de jardins moins vastes que les anciens, mais très beaux encore. Partout aux environs, les rues larges, bien tracées, manquent de ces merveilleuses apparitions de palmiers en gerbes et de chênes verts ondés, qui ravissent le regard quand on monte vers les collines de l'ancienne Rome. Elles sont bordées de palais, la plupart loués par étages, carrés, d'une blancheur neuve, ou, plus souvent encore, peints en jaune pâle. Via Sardegna, via Ludovisi, via Buoncompagni, via Sallustiana, le style est le même. On croirait reconnaître partout le même architecte hanté par les modèles de la Renaissance.

L'aspect est celui d'une ville d'hier, sans monuments, — car les deux cents mètres de façade du ministère des finances n'en constituent pas un, — et qui pourrait également se rencontrer en Europe, en Amérique, ou dans l'enceinte d'une exposition universelle de n'importe où. Certaines gens s'en déclarent révoltés. Ils ont une puissance d'indignation que je n'ai pas. Toutes ces maisons peuvent être plus ou moins bien distribuées? Que nous importe? Nous ne les habitons pas. Elles jurent avec les anciens quartiers? Ceux-ci n'ont-ils pas été neufs autrefois, et voisins de constructions antérieures? Il me semble qu'à moins d'avoir sans cesse présente l'image de la colonne Trajane ou du Panthéon, — qui n'est pas d'Agrippa, — on peut voir, sans mauvaise humeur, ces rues pleines d'air et d'éclat, à défaut de passé. Si l'architecture manque un peu d'invention, les pentes se chargent de rompre l'uniformité. Elles mettent des jours entre une corniche et l'autre, font saillir les angles, étagent les terrasses. Le goût des lignes et de la proportion est partout remarquable. Et la pâleur ardente des façades qui grimpent est d'un effet charmant, sur le ciel italien. D'ailleurs, très peu de maisons fermées, ici, et beaucoup de boutiques ouvertes. Nous sommes dans un bon coin des quartiers neufs.

Rue du Vingt-Septembre, en face du ministère des finances, par une échappée, j'aperçois une première bâtisse inachevée, abandonnée, lamentable avec ses murs inégaux et noircis au sommet. Dans la rue du Prince-Humbert, très longue et parallèle au chemin de fer, plusieurs maisons sans boiseries aux fenêtres, ou avec des boiseries, mais toutes les vitres brisées. Deux ou trois sont barricadées à l'intérieur. En travers de chaque baie, on voit des planches croisées et clouées. Je m'informe.

« Vous supposez bien, monsieur, que tant d'appartements déserts tentent les gens qui n'en ont pas. Un pauvre diable ouvre une porte, visite l'immeuble, le trouve à son goût. Il appelle sa famille. On s'installe. Personne ne veille. Les voisins sont indulgents. Cela dure un peu de temps. Puis un agent des finances vient à passer. « Oh! oh! un étage loué! Imposons vite! » La feuille d'impôts est envoyée diligemment au propriétaire, deux fois sur quatre à la direction de la Banque nationale, qui s'étonne d'avoir des locataires sans le savoir, prend des informations, requiert les carabiniers, et encloue tous les huis. Voilà l'explication des planches en croix et des portes condamnées. »

A mesure que j'avance vers Saint-Jean-de-Latran, les îlots bâtis ne perdent pas leur aspect monumental, mais la population devient plus pauvre et plus dense, et des signes évidents révèlent la construction hâtive, à bon marché. Sur la place Victor-Emmanuel, une rangée d'énormes colonnes, imitation de marbre, formant portique et soutenant cinq ou six étages, montrent à nu le simple appareil de briques dont elles furent faites. Le revêtement de stuc est tombé par endroits. Des bras de fer entourent le haut des fûts : un décor en ruine.

Et le même spectacle se prolonge. Et le même palais Renaissance, plus simple, mais non moins vaste, tantôt ouvert, tantôt fermé, nous poursuit jusqu'à l'extrémité de la ville, jusqu'à la basilique, *omnium urbis et orbis ecclesiarum mater et caput*. Là, il se dresse isolé, au milieu de terrains invendus et vides. Une nuée de locataires peuple les chambres. Des haillons sèchent à toutes les fenêtres, et le vent qui souffle secoue ces guirlandes de misère.

Heureusement, du haut des marches de Saint-Jean, on découvre aussi la campagne romaine. Elle était, un matin surtout que je m'étais égaré jusque-là, d'une harmonie de lumière que les mots ne peuvent rendre. Il n'y avait pas d'arbres, pas de plans distincts marqués par des obstacles, mais de belles lignes de plaine nue, légèrement bossuée, d'un vert qui devenait blond en s'éloignant, pour se fondre insensiblement dans les teintes d'azur des montagnes d'horizon, que couronnait une frange de neige éclatante. Au-dessus, le ciel partout très pur, d'argent d'abord, au ras des neiges, puis d'un bleu lavé, pailleté d'étincelles blanches et très loin de ces tons violents que l'imagination populaire prête au ciel italien.

Je demeurai si longtemps là, en haut des marches de Saint-Jean, qu'un mal m'en prit, qui ne m'a pas quitté. Ce n'était pas la fièvre. C'était l'amour de la campagne romaine, que de trop rares étrangers vont voir. Il ne me vint que par degrés. Il me conduisit d'abord à visiter les faubourgs au delà des portes, et me donna l'occasion de compléter l'enquête sommaire que j'avais faite. Car, si vous voulez vous rendre un compte exact des effets désastreux de la crise édilitaire, ne parcourez pas seulement les quartiers dont j'ai parlé, et ceux des *prati di Castello*, pleins d'édifices plus grands encore et de fondrières lamentables ; allez vers la *porta Salaria*, franchissez les murs et quelque cent mètres de route. Alors vous jugerez de ce que fut cette folie de spéculation : de tous côtés, des casernes ouvrières délaissées, l'une à peine sortie de terre, l'autre élevée jusqu'au premier, jusqu'au second, jusqu'au troisième étage. Des escaliers tournent en l'air, dans des tourelles à demi écroulées. L'eau tombe directement sur les plafonds, émiette les plâtres, coule en traînées jaunes et noires sur les murs. Des lattes disjointes se détachent et pendent. Les rues de cette cité morte n'ont que des noms et de l'herbe. On ne voit pas trace de voirie. Quelquefois un rez-de-chaussée est habité par une famille pauvre : le reste de la maison se pourrit lentement; on ne met plus même d'écriteaux « à louer », on sait bien qu'on ne louera pas.

J'entre dans un porche, d'au moins cinq mètres de voûte, devant lequel trois enfants jouent à la *morra*. Ce n'est qu'un atelier de forgeron. Quelque voisin, embarrassé de sa charrette, l'a mise au fond, les brancards en l'air. Je vois plus loin un charmant petit hôtel, loué, par exception, bâti à la lisière de l'*Agro* immense. Je m'approche, — voyez ce détail qui montre bien la prodigieuse puissance d'illusion de certaines heures, — le couloir d'entrée est peint à fresque; les murs sont couverts de paysages et d'amours joufflus; un lion de pierre taillée, assis sur un socle, au pied de l'escalier, regarde la très chétive ménagère d'un des locataires, qui vient d'entrer devant moi, et qui monte, un paquet de linge sous le bras. L'hôtel est loué à de pauvres gens.

Tout cela se relèvera-t-il? Verra-t-on le bouquet

de lauriers verts au faîte des murs terminés? Peut-être, avec le temps, dans certains autres quartiers, mais pas dans celui-ci. Pour occuper tous les logements vides de Rome, il ne faudrait rien moins que l'armée de cinquante mille ouvriers, entrepreneurs, travailleurs et spéculateurs de toute sorte, que la crise a chassés, et que rien ne rappelle encore.

Mais ce ne sont pas seulement des ruines, anciennes ou nouvelles, que l'on rencontre en parcourant les environs de Rome. Dans mes premières promenades, sans m'écarter beaucoup de la ville, deux choses encore m'ont paru dignes d'attention : les fortifications nouvelles et l'équipage des charretiers qui transportent le vin des châteaux romains.

Les charretiers sont de noblesse, puisque leurs armes ont été dessinées par Raphaël : je veux dire leur voiture et leur *soffietto*.

La voiture est étroite et longue, d'un modèle beaucoup plus fin qu'à Bercy. On peut l'acheter toute faite. Mais le *soffietto* se trouve. Un charretier qui se respecte va dans les bois de la campagne, souvent dans les maquis de l'hôpital San-Spirito, qui sont un peu à tout le monde, — étant le désert même et le plus beau modèle d'abandon qui soit, — et tourne, retourne, bat les buissons, jusqu'à ce qu'il ait rencontré un tronc de bois dur, ayant cinq ou six branches écartées qui partent du même point, et forment comme une niche : un arbre qui fait la main. S'ils ont découvert cette jolie charpente d'une seule pièce, ils la coupent, taillent la base en pointe, et l'enfoncent au côté gauche de leur charrette, en avant de la roue. Puis, ils requièrent un spécialiste qui tend, en avant des cinq doigts levés, sur des cercles mobiles, une capote d'étoffe blanche, ornée de festons de laine bleus, rouges, jaunes, verts, suivant les goûts, et de pompons, et de franges multicolores. Voilà le conducteur à l'abri du vent et de la rosée dangereuse des matins. Mais que l'équipage soit complet ainsi, oh! non, il s'en faut encore de deux grands points. Que serait un charretier romain, je vous le demande, sans ses vingt-quatre sonnettes choisies une à une, combinées pour donner des quartes et des tierces savantes, et pendues en demi-cercles autour du *soffietto?*

Pourrait-il dormir? Serait-ce une joie d'aller sur les routes sans musique? Le peuple romain reconnaîtrait-il son serviteur et son ami, lui que des siècles ont habitué à ne point séparer la profession d'avec sa sonnaille? Il en faut donc vingt-quatre : pas une de moins. Et la dernière difficulté sera alors de suspendre, sous la barre des essieux, un tonnelet vide, le *bigoncio*, dont les vibrations seront d'accord avec la musique d'en haut. Le tonnelet sert dans le cas où l'un des barils, couchés en file sur la voiture, viendrait à couler en chemin. Mais presque toujours il se balance, inutile, heurté, ronflant, faisant sa partie de basse. Il importe donc de ne pas le prendre au hasard, et ces artistes de charretiers savent ce qu'il en coûte, pour avoir un tonnelet *ben accordato*.

De la poésie pure, vous le voyez. Comment s'est-il trouvé un édile pour la persécuter! Cependant rien n'est plus vrai. Les charretiers ont eu un ennemi, ou plutôt leurs sonnettes. On finirait peut-être par le découvrir, en cherchant bien, dans les listes du Sénat. Cet homme irrespectueux des usages était, il y a quelques années, assesseur de police. Habitait-il une rue sur le passage des porteurs de vin? Il défendit absolument les *campanelle*, sous prétexte qu'elles faisaient du bruit. Pouvaient-elles faire autre chose? Vous pensez l'émoi de la corporation. Autant valait la tuer. Elle se réunit. Elle mobilisa toutes ses relations. Quelques hommes courageux et haut placés prirent la défense du *soffietto* contre l'édit, et portèrent la question devant le Conseil municipal de Rome. D'abord le cruel assesseur ne voulut rien entendre. Puis, sur le conseil de gens avisés, il accorda dix-huit sonnettes.

C'était bien peu. C'était trop peu. Aussi les charretiers, diplomates à leur manière, à la façon romaine, qui est faite de patience et du sentiment de la fragilité des choses, accrochent-ils, de temps à autre, une sonnette illégale. On en a dix-neuf; on en a vingt. Ne le dites pas, je vous en prie, à vos amis d'Italie, mais je crois bien, une fois, en avoir compté vingt-quatre.

Les fortifications m'ont inspiré un intérêt d'un autre ordre, et des plus respectueux. Je me suis toujours tenu à distance, n'ayant aucune compétence, ni aucun désir de m'en voir attribuer une par le gouvernement italien.

Je ne sais donc que ce qu'un profane peut entendre et peut voir.

Or, il suffit de sortir des rues de Rome pour se rendre compte que cette place constitue, dès aujourd'hui, un camp retranché. Le plan avait été conçu dès les premières années de l'entrée des Italiens à Rome. Mais les travaux n'ont commencé qu'en 1877.

Ces travaux sont de deux sortes : un mur d'enceinte à l'ouest, et une ceinture complète de forts et de batteries avancés, distants, en moyenne, de quatre à six kilomètres de la place Colonna. La simple inspection d'une carte explique ce système de défense. Rome se trouve, en effet, plus exposée du côté de la mer, non seulement parce qu'un débarquement pourrait jeter une armée sur cette rive du Tibre, mais aussi en raison de la nature du sol, qui est tourmenté, boisé, difficile à battre sur une grande étendue. Les six forts placés là, sur la rive droite du Tibre (*Trionfale, Casal Braschi, Boccea, Aurelia antica, Bravetta, Portuense*), sont donc soutenus, en arrière, par un retranchement encore inachevé, qui commence au nord, près du Monte-Mario, enveloppe, à petite distance, le Vatican et le Transtévère, et doit rejoindre le Tibre à sa sortie de la ville. On peut avoir une idée de cet ouvrage en allant se promener sur le Monte-Mario. J'ai admiré, pour ma part, la profondeur du fossé et la belle pierre travertine dont les deux parois sont faites.

Sur la rive gauche, au contraire, le sol découvert et plus égal laisse toute leur action aux feux croisés de l'artillerie. Les Italiens, c'est-à-dire le génie, aidé, le plus souvent, par des équipes de forçats, y ont élevé huit forts, à deux kilomètres environ l'un de l'autre, et trois batteries supplémentaires, l'une au nord-est, sur la voie Nomentane, deux au sud-est, battant la via Appia et la via Tuscolana. Tout cela, paraît-il, est du dernier bon goût militaire : casemates partout, de quoi abriter deux bataillons sur chaque point, télégraphe, téléphone, puits, dépôts de vivres. Quand les chemins de communication auront tous été construits, — ce qui ne tardera pas sans doute, — Rome aura un système de fortifications complet et redoutable.

Ce sont donc ces promenades aux quartiers

nouveaux, puis dans les faubourgs, puis hors les murs, à la suite des charretiers romains, qui m'ont conduit à aimer de plus en plus la campagne romaine, à étudier la question de l'*Agro*, et à me passionner pour elle.

Car il existe une question de l'*Agro*, une des plus anciennes à la fois et des plus actuelles qui puissent préoccuper un Romain et intéresser un étranger.

Je dois dire d'abord ce que c'est que l'*Agro romano*. Je ne le savais pas bien, et peut-être quelques personnes sont-elles encore mal renseignées, comme je l'étais moi-même, sur ce point de géographie. Dans l'acception la moins large et la plus exacte du mot, c'est le vaste haut plateau, élevé de trente à quarante mètres en moyenne au-dessus du niveau de la mer, qui enveloppe la ville et décrit autour d'elle une sorte de triangle. Le plus long côté, quatre-vingt-dix kilomètres, s'étend sur la Méditerranée, de Santa-Severa, au nord, à Astura, près de Porto d'Anzio. Le second côté va de Santa-Severa jusqu'au pied des Apennins d'où descend l'Aniene. Le troisième rejoint la mer, laissant à gauche les montagnes d'Albano. Ainsi dessiné, ce territoire correspond à peu près à celui de la commune de Rome, la plus grande de toute l'Italie, qui comprend deux cent douze mille hectares. La ville éternelle est posée au milieu de cette immense étendue presque déserte, sans la moindre cité rivale, « seule comme le lion », disent les Italiens [1].

Rien n'est plus hasardeux qu'une statistique de l'*Agro*. Hommes et bêtes y sont migrateurs. Cependant les comices agricoles assurent que l'*Agro* nourrit environ six mille bœufs et taureaux, dix-huit mille vaches, sept mille chevaux et juments, douze mille chèvres et trois cent vingt mille brebis. Le gros bétail ne quitte pas la campagne, mais les brebis descendent en automne des hauts pâturages de montagnes, et y remontent quand arrive l'été. Elles constituent la principale richesse des domaines, et forment, le plus généralement, des troupeaux de plusieurs milliers de têtes. Leur

---

1. Voyez *Monografia della città di Roma et della campagna romana*, publiée par le ministère de l'agriculture, vol. Ier. Étude sur les conditions topographiques et physiques de Rome et de sa campagne.

fromage frais, la *ricotta*, fait les délices des Romains; leur fromage dur, *formaggio pecorino*, rappelle la patrie absente aux matelots des deux marines.

Le personnel chargé de la conduite et du soin de ces bandes d'animaux n'est pas considérable. Mais il est fort intéressant, à cause de ses mœurs et de sa hiérarchie traditionnelle. Vous avez peut-être rencontré, dans les quartiers extrêmes de Rome, ou même de bonne heure, traversant le Corso, un cavalier vigoureux, brun, coiffé d'un grand chapeau mou, les épaules couvertes d'un manteau noir à doublure verte, très ample, qui tombe jusqu'au milieu des bottes, et tenant à la main une lance de bois ferré. C'est le *buttero* de la campagne, le gardeur de chevaux ou de vaches, l'errant qui passe sa vie à poursuivre ses bêtes égarées, les fait changer de pâturages, et travaille leur lait. Il est aussi bon cavalier que les hommes de Buffalo-Bill, avec lesquels il a lutté à Rome, dans un tournoi mémorable, si bien que le « colonel » lui-même, admirant ses rivaux, prononça leur éloge en ces termes : « Moins de légèreté, autant de solidité, intrépidité égale, bonne connaissance de leur métier avec des intermittences de *bordées* terribles : vos *butteri* de la campagne romaine sont vraiment des *cow-boys*. »

Tous les chefs ont plusieurs chevaux à leur disposition. Ils portent des titres qui existaient déjà sans doute quand ceux de comte et de baron n'existaient pas. Le chef de la vacherie s'appelle le *massaro ;* celui de la bergerie, le *vergaro.* Ils ont sous leurs ordres un nombre d'hommes qui varie assez peu, au moins dans les grandes exploitations. Ainsi, pour le service d'une *masseria* de quatre mille brebis, on compte qu'il faut de vingt-six à trente personnes. Le *minorente*, chef des buffles, et le sous-chef, le *vece*, ont également une vingtaine d'employés au-dessous d'eux...

Les buffles ! ç'a été longtemps un de mes rêves de les voir de près, non pas du chemin de fer, ou lorsqu'ils passent enjugués, hébétés, dans une rue de Rome, tirant un fardeau trop lourd pour des bœufs, mais en liberté, dans les pacages de l'*Agro*. Je l'ai réalisé, et je dirai comment. Mais cela devient difficile. Ils ont beaucoup diminué dans la campagne romaine.

Elle en possédait cinq ou six mille, il y a vingt ans. Sont-ils beaucoup plus de deux mille aujourd'hui ? On dit que non. Et cependant ces étranges animaux rendent des services qu'on ne saurait demander à des espèces voisines. Je ne parle pas seulement du fromage blanc que donnent les bufflesses, *uova di bufale*, qui se vend merveilleusement, ni du transport des pierres, — ce sont des buffles qui ont apporté à Rome les assises colossales du monument à la mémoire de Victor-Emmanuel, — mais d'une autre spécialité, qui les rend très utiles dans les pays de marais. Ils descendent dans les fossés bourbeux des Marais-Pontins et autres étangs de la côte, broutant les herbes palustres que la lenteur du courant a laissé foisonner, et puis, parfois, quand tout le troupeau est enfermé entre les bords étroits du fossé, les gardiens à cheval montent sur les berges, piquent les derniers, affolent les autres, pourchassent la bande effarée et galopante jusqu'à la mer prochaine, et arrachent ainsi le reste des plantes parasites.

Il ne faut pas croire, d'ailleurs, comme on le fait trop souvent, que la campagne romaine

soit entièrement livrée à l'industrie pastorale.
Elle est partout plus ou moins cultivée. Dans
chacune de ces *tenute*, dont un grand nombre
comptent de cinq cents à deux mille hectares[1],
une partie, la plus petite, reconnue susceptible
de culture, reçoit la semence du blé ou de
l'avoine. On ne la fume pas. A côté des maquis,
des marais, des pâturages permanents, il y a des
pâturages soumis à la *rotazione agraria*. Tantôt
ils sont labourés tous les quatre ans, donnent
une récolte, et redeviennent jachères; tantôt
on épuise jusqu'au bout leur force productrice,
on les sème deux fois, trois fois, quatre fois
de suite, pour les laisser reposer pendant un
temps égal. De toute manière, la nature reprend ses droits. L'herbe repousse, et la poésie
sauvage avec elle. Nulle part autant que là
vous ne trouverez, au printemps, l'asphodèle,
le narcisse, la centaurée, des chardons d'une
infinie variété, ou, dans les endroits bas, le

1. D'après l'étude extrêmement curieuse et savante que vient de publier M. Valenti, dans le *Giornale degli Economisti* des mois de février et de mars 1893, la campagne compterait trois cent quatre-vingt-huit fermes, appartenant à deux cents propriétaires seulement. Trois cent douze *tenute* sont au-dessus de cent hectares. La plus considérable en a sept mille quatre cents.

orchis, les renoncules, les joncs à fleurs et l'iris jaune.

A côté des bergers, il faut donc les laboureurs, les semeurs, les moissonneurs de blé. L'*Agro* ne les possède pas, n'ayant pas de villages. Il les appelle du dehors, aux époques voulues. Ceux-ci arrivent par bandes, des montagnes de la Sabine, des Abruzzes, des Romagnes, sous la conduite d'un chef, le *caporale*, qui les a engagés, et a traité, de son côté, avec le fermier du domaine seigneurial. Ils viennent pour labourer et émietter la terre, pour la semer ; ils sont payés un franc ou un franc cinquante par jour et non nourris, logés comme on peut, souvent très mal, et, après un mois, ils repartent. Une autre troupe de ces travailleurs vagabonds se charge de la moisson, en juin. Mais c'est l'été, la saison mortelle. Il importe de couper vite et de mettre à l'abri la récolte de plusieurs centaines d'hectares, surtout de ne pas vivre trop longtemps en contact avec la terre surchauffée. Les hommes se divisent en *gavette* de trois moissonneurs et un lieur de gerbes. Ils moissonnent pendant onze jours, pas un de plus. Si la besogne n'est pas achevée, d'autres *gavette* la finissent. Ils reçoivent vingt-cinq francs pour eux quatre et pour toute la durée de l'engagement, mais, en outre, un kilogramme de pain par jour, un litre de vin, du fromage et des entrailles de porc ou autre viande. Après le onzième jour, tout le monde s'enfuit, et, à moins que de nouveaux arrivants ne prolongent d'une ou deux semaines la vie intense de ce coin de l'*Agro*, la *tenuta* demeure presque déserte. Les brebis et leurs gardiens sont partis pour les hauts pâturages de la Sabine. Il ne reste que les gardiens du gros bétail, en nombre infime, tous robustes, qu'une longue sélection a plus ou moins protégés contre le climat. Et la campagne brûlée, torride, bourdonnante du vol d'innombrables insectes qui s'acharnent contre les troupeaux, reste vide et désolée jusqu'à la fin d'août, protégée contre le retour des hommes par sa terrible et très ancienne maîtresse et reine : la fièvre.

On a écrit bien des volumes, en Italie, sur cette question de la malaria. Elle est l'objet d'études incessantes de la part des célébrités médicales, et de discussions sans cesse renaissantes. Elle offre mille points de controverse.

Elle se pose, non seulement pour le territoire de Rome, mais pour un grand nombre de localités italiennes, dont quelques-unes sont fameuses.

D'après la carte de la malaria en Italie, publiée par le bureau central du Sénat, six provinces seulement sur soixante-neuf sont complètement indemnes du fléau, ou, si l'on veut une indication plus détaillée et plus exacte, deux mille six cent soixante-dix-sept communes sur un total de huit mille deux cent cinquante-sept [1].

En ce qui concerne Rome, l'insalubrité de l'air, aux époques de grande chaleur, a été certainement exagérée. Même dans les mois de juillet, août et septembre, le nombre des victimes de la fièvre pernicieuse, parmi les habitants de Rome, est très faible. Il ne s'élève, et ne donne naissance au préjugé populaire, que lorsqu'on y fait entrer les malades qui ont pris ailleurs le germe du mal, et sont venus se faire soigner à l'hôpital San-Spirito. On l'a établi,

---

1. Voyez l'intéressant travail d'un jeune professeur italien, M. Nitti, *la Législation sociale en Italie* (*Revue d'économie politique*, 1892. Paris, Larose et Forcel.)

et on a bien fait[1]. Malheureusement la réputation de l'*Agro* n'est pas de même imméritée. La campagne autour de Rome n'est pas sans doute également malsaine. La fièvre y sévit avec une intensité qui varie très sensiblement selon les années et selon les lieux. Les parties basses qui avoisinent la mer, presque toujours coupées de marais, sont les plus dangereuses. La mer même, sur le bord, offre un péril égal, et l'on a constaté qu'un homme qui s'endort dans un bateau à l'ancre, à un kilomètre des côtes, a les plus grandes chances d'être saisi, au réveil, d'un accès de malaria. Mais l'intérieur des terres, jusqu'aux montagnes de la Sabine, est tout entier plus ou moins menacé, et les dernières statistiques publiées donnent cette moyenne alarmante : rive droite du Tibre, pour cent habitants, vingt-trois cas annuels de malaria ; rive gauche, trente-trois pour cent[2]. C'est là, non pas le seul, mais l'un des plus grands obstacles à la culture, la cause de la dépopulation de

---

1. Voyez *Monografia della città di Roma e della campagna romana*. Article de M. Guido Baccelli, 1ᵉʳ vol., *la Malaria di Roma*.

2. *Relazione monografica della zona soggetta alla legge sulla bonificazione agraria*. Roma, tip. nazionale di Bertera, 1892.

l'*Agro*, le perpétuel souci des gouvernements qui se sont succédé à Rome.

Depuis combien de temps en est-il ainsi? J'ai posé la question à plusieurs personnes compétentes, et j'ai été charmé de l'érudition latine de chacune d'elles. En pleine ville ou dans une course à travers champs, sans livre et sans notes, elles citaient de mémoire des auteurs variés. Seulement, elles ne s'entendaient pas. « Monsieur, me disait l'une, — avec une vivacité de débit que provoque souvent, chez les Romains, cette question grave de la *malaria*, — l'*Agro* n'était pas autrefois tel que vous le voyez. D'innombrables maisons de plaisance le couvraient, et les ruines en subsistent. Elle était donc habitée. Elle était saine. Les écrivains nous en donnent cent preuves. Cicéron, monsieur, *in Verrem*, proclame l'admirable fertilité de Tusculum, des collines d'Albano, de Civit-Lavinia. Strabon, dans sa *Géographie* ; Pline le naturaliste, dans son *Histoire naturelle*, vantent les fruits de Tibur. Tite-Live est prodigue d'éloges pour les terres situées le long du Tibre. Il n'y a pas jusqu'aux territoires de Corneto et de Castro qui n'aient leurs bonnes pages dans les livres anciens. Vous voyez, ce sont les barbares, les *nazioni boreali*, qui sont cause de tout ! »

Le lendemain, je rencontrais un grand fermier de la campagne romaine, humaniste, lui aussi, qui répondait : « Les barbares ? Sans doute, ils ont détruit. Mais ils n'ont détruit que ce qui existait. Or les ruines qui nous restent, en petit nombre, sont des ruines de palais avec pavés de mosaïque et peintures murales. Où sont celles des maisons de paysans, des villages ? Nulle part. La campagne n'a jamais été colonisée comme le reste de l'Italie. On y venait au printemps, pour trois mois. Les patriciens et les affranchis n'y passaient pas l'été, croyez-moi, ni eux, ni personne autre que les esclaves. La fièvre y régnait. Ce n'est pas douteux. Combien trouve-t-on d'inscriptions votives à la *déesse de la fièvre*, à la *fièvre sainte*, à la *grande fièvre (febri divæ, febri sanctæ, febri magnæ)* ? Et combien de fois les Romains ne font-ils pas allusion à ces pestes qui désolaient l'*Agro ?* Les pestes n'étaient autre chose que la malaria, subitement aggravée par la chaleur de certains étés. Rien n'a donc changé, monsieur.

Les traditions sont constantes, et le prouvent ! »

On devine que le premier était partisan des réformes agraires, et que le second ne l'était pas. Leurs citations anciennes servaient des intérêts prochains. Et je revins vite au présent, comme ils faisaient eux-mêmes, au fond de leur pensée.

Il ne suffit pas, en effet, de soigner les malades atteints de malaria. La médecine s'en occupe. Elle expérimente une foule de remèdes. En dehors de la quinine, le plus efficace de tous, accepté avec répugnance cependant et combattu en certaines régions par le préjugé populaire, elle essaie l'emploi de l'arsenic, conseille une nourriture fortifiante, suivant le dicton un peu ironique de la Toscane : « *La cura della malaria sta nella pentola* », et recommande même d'anciennes médications de bonne femme, auxquelles elle reconnaît une efficacité remarquable, celle-ci, par exemple, dont la recette a une saveur profonde. Prenez un citron frais, coupez-le en tranches minces, en conservant l'écorce, et mettez-le à bouillir avec trois verres d'eau, dans une marmite en terre, mais une marmite qui n'ait jamais servi à aucun autre usage. Quand le liquide sera réduit des deux tiers, passez-le à travers un linge, pressez le résidu, et laissez refroidir une nuit entière. La science n'explique pas comment la liqueur a besoin d'une nuit complète de repos pour devenir souverainement active. Mais elle le constate après les générations d'ignorants qui lui ont livré le secret. Les fièvres les plus rebelles sont souvent vaincues par ce consommé de citron, dont, à défaut de l'autre, les plus pauvres ne manqueront jamais en pays italien [1].

Mais le vrai remède serait l'assainissement de l'*Agro*. Bien qu'on discute encore sur le principe de la *malaria* et sur la manière dont elle se propage, il paraît hors de doute qu'elle est produite par l'humidité du sol, et qu'elle se développe dès que la température dépasse vingt degrés. Or, toute la campagne romaine est humide. Les sources y abondent. L'ingénieur Canevari en a compté dix mille. La plupart sont sans écoulement, et, pas plus que l'eau de pluie, ne peuvent être absorbées par

---

1. Voyez *Annali di agricoltura*, 1884, deuxième rapport *Sulla preservazione dell'uomo nei paesi di malaria*, par le professeur Tommasi Crudeli.

la terre. Car, au-dessous de l'humus, plus ou moins profond, l'*Agro* est pavé d'une couche de lave ancienne, résistant aux infiltrations. Voilà autant de marais, souvent invisibles, auxquels viennent s'ajouter les grands marais d'Ostie et de Maccarese, de plusieurs milliers d'hectares, dont le vent de mer emporte les exhalaisons jusqu'au pied des montagnes [1].

Assainir l'*Agro* ! Ce n'est pas d'hier qu'on demande le dessèchement des marais, le drainage des terres basses, la colonisation de l'immense plateau, la culture intensive du sol, qui devient moins dangereux à remuer, dit-on, quand il est labouré tous les ans, la plantation de grands arbres qui boivent l'eau par leurs racines et laissent passer le vent sous leurs branches, l'ormeau, le pin, le laurier, l'eucalyptus. Depuis des siècles, l'idéal n'a pas changé. Et il semble que tous les moyens aient été employés, les uns après les autres,

---

[1]. D'autres théories, très différentes, ont été émises, notamment par M. Tommasi Crudeli. J'accepte, sans avoir aucune compétence pour l'approuver ou la contredire, l'explication qui avait guidé les auteurs des lois de 1878 et de 1883.

avec un égal insuccès. Les Romains, les papes, les Français pendant la conquête, le gouvernement italien depuis sa prise de possession de Rome, ont essayé de lutter contre le fléau. On ne connaît pas moins de soixante-dix-neuf dispositions législatives sur cette question, antérieures aux lois de 1878 et de 1883 aujourd'hui appliquées.

Plusieurs sont curieuses. Une première chose à noter, c'est que les papes ont aperçu et déclaré de très bonne heure que le système des *latifundia*, le peu de division du sol, était un des grands obstacles aux améliorations, et qu'ils ont cependant refusé toujours, malgré les plaintes de leurs sujets, malgré l'égoïsme et l'inertie des barons, de toucher au principe de propriété et de faire une loi agraire. Comme l'a dit l'un d'eux, une loi de partage « ne serait pas seulement violente, mais très injuste et plus préjudiciable que la tolérance même de possessions trop étendues et groupées en trop peu de mains[1]. » Ils ne peuvent donc user que de moyens indirects. Sixte IV, re-

1. *Motu proprio* de Pie VII.

nouvelant des prescriptions plus anciennes, permet à tous et à chacun d'ensemencer un tiers des terres incultes, quel qu'en soit le tenancier, monastère, chapitre, noble, personne privée ou publique, à la seule condition de l'avertir et de lui payer une redevance. La campagne reprend vie pour quelques années. De grandes étendues se couvrent de moissons.

Mais, à peine le pontife disparu, les propriétaires tentent de s'affranchir de cette sorte d'expropriation temporaire. Ils défendent le transport des grains récoltés sur le domaine, et les rachètent à vil prix. Jules II les menace d'excommunication. Clément VIII maintient les édits en vigueur, et fixe la quotité des fermages dus par les occupants. Pie VI, qui a desséché une moitié des Marais-Pontins, entreprend un nouveau cadastre de l'*Agro*. Pie VII, changeant de méthode, frappe d'un impôt spécial toutes les terres cultivables situées dans le rayon d'un mille de Rome et qui seraient laissées en jachères, et donne une prime à tout propriétaire qui, dans la même zone, aura planté son terrain ou l'aura destiné à la culture régulière[1]. Ni ces deux procédés, ni tant d'autres efforts n'ayant amené une transformation durable, Pie IX essaie au moins d'encourager les tenanciers à reboiser la campagne. Il ouvre un crédit de dix mille écus à son ministre de l'agriculture. Tout propriétaire ou fermier recevra, pour cent pins nouvellement plantés, vingt écus; pour cent oliviers, citronniers ou orangers, quinze écus; pour cent ormeaux ou châtaigniers, dix écus. Plus d'un million d'arbres sont plantés en vertu de cette loi. Mais qu'est-ce qu'un million d'arbres dans la campagne prodigieuse de Rome?

Le même pape prend une autre initiative, celle-là d'une vraie hardiesse et d'un haut intérêt. Il veut affranchir l'*Agro* des servitudes intolérables qui le grèvent. Une foule de droits, dont l'origine est le plus souvent impossible à établir, droits de passage, d'abreuvoir, de glanage, de pacage dans les prés et dans les bois, restreignent, en effet, au profit de la communauté des habitants, le droit du propriétaire, et s'opposent à tout progrès. On peut lire,

1. Voyez *Papes et paysans*, par M. G. Ardant; Paris, Gaume, 1891.

par exemple, dans de très savants rapports adressés à une congrégation de cardinaux [1], que les trois cinquièmes du territoire de Nepi sont soumis à la servitude du pâturage ; qu'à Viterbe, sur vingt mille *rubbia* de terre, douze mille sont grevés de la même charge. Les communes sont *maîtresses de l'herbe* Elles font trois parts de ces immenses pâturages, dont la propriété nominale appartient cependant à des particuliers : l'une est laissée aux bœufs de labour; la seconde produira du foin qui sera vendu aux enchères, au profit de la commune; la troisième est abandonnée à qui voudra y jeter ses troupeaux, moyennant une indemnité, toujours pour la commune. Le malheureux possesseur du sol en est réduit à recueillir seulement le produit des parcelles labourées, qu'il ne peut même pas multiplier, pour ne pas nuire à la communauté. Aussi, des décisions pontificales, spéciales à certaines communes et bientôt changées en loi générale,

---

[1]. *I Papi e l'agricoltura nei domini della S. Sede*, par M. Milella; Roma, Pallotta, 1880. Les *Riflessioni sull'agro romano*, qui terminent le volume, sont une remarquable dissertation, écrite avec beaucoup de compétence et d'esprit romain.

permettent-elles de racheter, soit en argent, soit en nature, les servitudes de pacage. Le territoire de l'*Agro* a été presque entièrement libéré, en conséquence de cette loi.

Le gouvernement italien s'empare de Rome. A peine y est-il entré, qu'il est obligé de s'occuper de la même question. L'opinion publique l'y pousse. Plusieurs de ses partisans ont affirmé, dit, écrit, — injustement, je crois, — que les papes n'avaient presque rien fait pour la campagne romaine. On attend du régime nouveau une solution que l'ancien n'a pas donnée. Une commission est nommée, dès 1870, pour préparer une loi d'ensemble sur l'amélioration de l'*Agro romano*. Autour d'elle, une foule d'intérêts et de passions s'agitent. Chacun lui propose sa panacée. Les opinions les plus extraordinaires se font jour, celle, par exemple, de décréter la création de quatre grands villages de mille habitants, celle de faire cultiver la campagne romaine par des hommes de couleur. Elle continue, sans se troubler, son enquête, sous la direction d'un homme de haute valeur, l'ancien syndic de Florence, M. Ubaldino Peruzzi, et les conclusions de ses longs travaux, discutées et modifiées par les chambres, deviennent enfin les deux lois du 11 décembre 1878 et du 8 juillet 1883.

La première de ces lois était relative au *bonificamento idraulico*. Elle prescrivait d'abord, et mettait à la charge de l'État, les grands travaux de dessèchement des marais d'Ostie et de Maccarese, de l'île sacrée, de la vallée de l'Almone, du lac des Tartares. Puis elle confiait à quatre-vingt-neuf syndicats obligatoires de propriétaires, — *consorzi*, — le soin de creuser des canaux, de les relier entre eux, d'entourer les cultures de fossés, et d'assurer l'écoulement de toutes les eaux stagnantes. A-t-elle été observée? a-t-elle produit d'heureux effets? On peut répondre affirmativement. Les travaux, concédés par l'État à des Compagnies, ont été partout entrepris. S'ils ne sont pas tous achevés, par exemple ceux d'Ostie et de Maccarese, s'ils ont dévoré plus des quatre millions jugés suffisants et votés au début, ce sont là des surprises très communes quand on s'attaque à la terre et à l'eau. Les propriétaires, de leur côté, ont exécuté, au moins en grande partie, les travaux de la première catégorie, c'est-à-dire de canalisation, qui leur étaient imposés. Il leur reste à diviser et à drainer leurs champs, à combler, à niveler un nombre immense de mares et de petits marécages. Mais il est facile de prévoir qu'ils en viendront à bout dans un court délai, si l'administration se montre tenace.

Peut-on dire la même chose de la loi du 8 juillet 1883, plus importante encore, et qui ne tendait à rien moins qu'à transformer la culture et l'aspect de l'*Agro?* L'ambition était grande. Dans les six mois, les propriétaires de tous les domaines situés dans un rayon de dix kilomètres, à compter de la borne milliaire du Forum, — d'où le nom populaire de *loi des dix kilomètres,* — devaient soumettre à une commission spéciale les améliorations qu'ils se proposaient de faire, déclarer la quantité de terrain qui serait désormais régulièrement cultivée, celle qu'ils planteraient en bois et en vignes, les routes et les fossés en projet, le plan des maisons, des granges ou des étables à construire.

Faute d'entente, ou faute d'exécution des

travaux convenus, les terres seraient expropriées par l'État, moyennant une indemnité préalable, vendues aux enchères par fractions, et les nouveaux acquéreurs s'obligeraient à remplir les engagements qu'avaient négligés les anciens.

L'émoi causé par la promulgation de la loi fut considérable. Les dispositions sévères que je viens de résumer n'intéressaient pas moins de cent dix-huit domaines, d'une contenance de plus de vingt mille hectares. Leur application devait entraîner une dépense de plus de trois millions, à la charge des possesseurs du sol, soit, en moyenne, d'après les calculs de la commission, cent quarante-quatre francs de frais par hectare, sur la rive droite du Tibre, et deux cent un francs sur la rive gauche. Encore prétendait-on ces évaluations beaucoup trop faibles.

L'accueil ne pouvait être empressé. Il ne le fut pas. Au bout de six mois, deux propriétaires avaient refusé catégoriquement de s'entendre avec la commission ; vingt-cinq avaient accepté ses propositions ; la majorité n'avait rien répondu, ce qui est extrêmement italien.

Mais l'administration aussi était italienne : elle prit son temps, elle en donna aux autres, elle n'alla pas brutalement jusqu'à épuiser ses droits, et une longue lutte s'établit entre elle, qui voulait réformer, et les intéressés qui cherchaient, par tous les moyens, à maintenir l'ancien état de choses.

J'arrive tout de suite à la situation présente. Depuis 1883, qu'a-t-on obtenu ? Le voici : à la fin de 1891, un seul propriétaire se trouvait parfaitement en règle avec la loi de la *bonifica*, le cavalier Bertone, un Piémontais, qui a acheté les *Capannelle*, domaine de cent hectares, presque entièrement situé en dehors de la zone des dix kilomètres, et y a fait exécuter quand même de grands travaux. Viennent ensuite dix *tenute*, représentant mille huit cents hectares, et qui sont reconnues *à peu près en règle* : *Caffarella* et *Capo di Bove* au prince Torlonia ; *Tor di Quinto*, au prince Borghèse ; *Tor Sapienza* au prince Lancelotti ; *Tre Fontane* aux pères trappistes ; *Tor Marancio* au comte de Mérode ; *Quadrato* à l'œuvre pie Pichi Lunati ; *Ponte di Nona* au cavalier Bertone ; *Marranella* à M. Joseph Anconi ; *Valca* et *Valchetta* aux frères

Piacentini ; *Torre nuova* au prince don Paul Borghèse.

Dans seize autres domaines, l'administration relevait des améliorations partielles, qui devenaient insignifiantes dans vingt domaines classés à la suite. Enfin, soixante-sept domaines, d'une superficie de onze mille hectares, n'avaient pas encore senti le moindre effet de la loi de 1883[1]. Et rien ne semble avoir changé depuis ces documents, publiés l'an dernier. Je me suis informé : on m'a seulement assuré que l'un des acquéreurs d'une des deux seules terres expropriées en vertu de la loi avait renoncé à son acquisition, et restitué le domaine à l'État, son vendeur, ne pouvant, disait-il, exécuter le programme des trop coûteuses améliorations imposées par le cahier des charges.

Enfin, l'une des idées souvent émises par les promoteurs des réformes était que l'usage des belles eaux de montagne, amenées à Rome par les aqueducs, pourrait être de grande importance et raréfier les cas de malaria dans

---

1. *Agro romano, Relazione monografica*, etc.

les fermes de la campagne. On a fait de très méritoires efforts en ce sens. La commune a mis à la disposition des propriétaires de la rive gauche du Tibre deux mille mètres cubes d'acqua Marcia. On a établi trente-cinq kilomètres de conduites d'eau, onze centres de distribution, près de Sainte-Agnès, à *Tor di Schiavi* sur la voie Prenestine, à l'*osteria dei Spiriti*, sur la nouvelle voie Appienne, à *Capo di Bove*, etc. L'expérience a, de plus, démontré que partout où l'acqua Marcia remplaçait les eaux de puits, les chances d'immunité augmentaient. Cependant, sur deux mille mètres cubes offerts aux intéressés, trois cents seulement ont été vendus par la commune.

Les résultats ne sont donc pas nuls, comme certains l'ont prétendu, mais ils sont encore médiocres. Les lois sur la *bonifica* de la campagne romaine n'ont pas opéré la transformation rapide qu'on attendait d'elles. A qui la faute ? aux propriétaires ? aux fermiers ? à la loi elle-même qui serait mal faite ? Faut-il corriger celle-ci ? Suffit-il de prolonger l'expérience, et ne jugeons-nous pas trop hâtivement, dix ans après qu'elles ont été promulguées, une série de mesures destinées à changer des choses presque immuables : des traditions rurales et des préjugés populaires ?

J'ai posé ces questions à de nombreuses personnes, et j'ai obtenu des réponses très nettes et contradictoires. En cherchant à les grouper, il m'a semblé qu'on pouvait les ramener à trois : celle du *mercante di campagna*, celle du grand propriétaire, et l'autre, la plus difficile à définir, l'opinion de quelques possesseurs du sol et de beaucoup d'hommes politiques, de plusieurs socialistes qui donnent à leur pensée une couleur révolutionnaire et d'une foule d'intéressés pacifiques, d'humble condition, qui voient de près les choses de la campagne romaine, et se rendent parfaitement compte des progrès à réaliser, sans avoir le loisir ou l'instruction suffisante pour en étudier les moyens. Voici donc les trois discours-types que j'ai entendus, au moins dix fois chacun :

Le *mercante di campagna*. « La loi de 1883 est une loi absurde, monsieur. Qui nous l'a imposée ? Des Toscans, des Lombards, des Piémontais, des Méridionaux, des gens sans compétence, habitués à voir un certain système de culture, et qui trouvaient tout simple de le décréter applicable à la campagne romaine. Leur culture intensive ressemble à un vaccin : tout le monde doit la subir. Malheureusement, ils ne savaient pas le premier mot des conditions spéciales qui nous sont faites par le climat et par la nature du sol. Ils nous demandent de planter de la vigne? Mais la vigne exige des soins assidus. La campagne est inhabitable pendant trois mois, et le plus clair de notre expérience, c'est que le raisin sèche, et que la vigne périt. Ils exigent encore le défrichement des prairies naturelles, que nous devons remplacer par du blé, de l'avoine. Qu'arrive-t-il? C'est que, très souvent, la couche de terre n'a qu'une épaisseur à peine suffisante pour l'herbe : si vous la défoncez, la moindre pluie l'entraînera, le rocher affleurera, et vous n'aurez pas de blé, mais vous n'aurez plus de prairie, ni aucun moyen d'en avoir jamais. Croyez-moi, monsieur, faites ce que ne font pas ceux qui parlent tant de la campagne romaine : allez la voir. Vous constaterez qu'elle n'est nullement ce désert affreux qu'on prétend, qu'elle est cultivée, non comme la Toscane ou la

Lombardie, sans doute, mais aussi bien qu'elle peut l'être. Il y avait quelque chose à faire pour l'écoulement des eaux. On l'a fait. Tout ce qu'on essaiera au delà n'est ni sensé, ni utile. »

Le *grand propriétaire*. « Très facile de prêcher la réforme de l'*Agro*, monsieur, quand on n'y possède rien. Les opinions sur l'agriculture, à Rome, font partie des credo politiques. Tout bon radical, tout politicien qui n'a pas un pied d'olivier hors des murs, qui ne va jamais dans la campagne, et ne la connaît que pour l'avoir traversée en chemin de fer, est un partisan décidé du *bonificamento*. Pour nous autres, c'est différent : la question est moins simple à résoudre. Nous retirons cinq pour cent de nos terres, aménagées comme elles le sont aujourd'hui, comme elles n'ont pas cessé de l'être depuis des siècles. On nous demande de remplacer nos prairies, qui se louent fort bien, par des champs de blé. Mais le défrichement est coûteux. Le blé se vend très mal, et il a été constaté en plusieurs points, notamment dans le lit desséché, « bonifié », du lac Fucino, qu'il épuisait rapidement notre sol. On nous offre donc simplement de perdre de l'argent. Il n'y a pas de quoi se montrer enthousiaste. Qu'on nous dégrève, qu'on nous aide, et nous nous prêterons aux expériences des théoriciens, tout en demeurant sceptiques. Car on a beaucoup exagéré cette insalubrité... »

L'un de ceux qui me tenaient ce discours, dans le salon d'un des grands cercles de Rome, arrivait d'une course dans la campagne. Il s'interrompit pour demander, sans prendre garde au rapprochement : « Garçon, un verre de vermout et de quina... beaucoup de quina. »

Le *partisan des réformes*. « Il faut avoir la franchise d'avouer que les auteurs de la loi de 1883 ont commis des erreurs. Ils n'ont pas tenu compte, par exemple, de ce fait que certains points de la campagne sont incultivables. Leurs dix kilomètres ne signifient rien, et le collège des ingénieurs agronomes a rédigé récemment, et s'occupe de faire discuter une loi nouvelle, qui changerait cette zone irrationnelle en un grand éventail, ayant Rome pour base, et pour côtés les voies Casilina y Ardeatina. Les imperfections pourront être corrigées. Mais ce qui est nécessaire, monsieur, c'est que nous ayons une loi sur la *bonifica* de l'*Agro*, et une loi appliquée. Les Italiens émigrent par véritables armées tous les ans, et nous avons à nos portes un désert capable de nourrir des centaines de mille d'habitants. Est-ce tolérable ? Faut-il que l'égoïsme de quelques-uns soit un obstacle perpétuel à l'assainissement de la campagne, à sa mise en culture, à l'agrandissement de Rome, car Rome demeurera une petite ville tant qu'elle restera ainsi enserrée par la fièvre ? Et que nous oppose-t-on ? Que le blé ruine les terres de l'*Agro* ? Je le crois, quand on sème indéfiniment du grain dans une terre qui n'est jamais fumée ! Que les propriétaire ne sont pas assez riches pour supporter de pareilles dépenses ? qu'ils ne trouvent à emprunter qu'à huit et dix pour cent ? Je l'admets. Nous voulons précisément la création d'une grande Société agricole, qui sera obligée, par ses statuts, de prêter à un taux raisonnable. Les propriétaires de tout l'*Agro* seront alors mis en demeure d'exécuter les travaux jugés nécessaires par la loi. On leur dira : « Faites, ou cédez-nous la place. Rome ne peut plus souffrir cette campagne indigne d'elle, et qui tue ses enfants. » La Société achètera les terres qu'on refusera d'améliorer, les morcellera, prêtera aux cultivateurs qui viendront là, émigrant à l'intérieur au lieu d'aller chercher fortune au loin, et leur permettra d'acquérir lentement, par annuités, la propriété du sol. Vous verrez des villes se bâtir dans les lieux les plus sains, et les hommes y monter le soir, des plaines. Vous ne rencontrerez plus ces étendues désolées, inutiles, ni à côté ces bandes de travailleurs traités comme des bêtes... Allez dans la campagne, monsieur, voyez de vos yeux cette misère des choses et des hommes. Vous comprendrez pourquoi plus de trente mille pétitionnaires ont demandé au parlement de décréter la *bonifica*, vous saisirez mieux la gravité de cette question. Car, je vous le dis, les esprits sont très excités, et les possesseurs de l'*Agro*, entêtés à ne rien entendre, provoqueront à la fin un terrible soulèvement d'opinion. »

Je me rappelle l'ardeur communicative avec laquelle plusieurs me parlaient de la sorte, et ces yeux noirs devenus brillants de passion, et le ton prophétique des derniers mots, toujours menaçants. Gens du peuple, géomètres, employés des *computisterie* princières, députés appartenant à des groupes avancés de la chambre, s'exprimaient avec une vigueur égale. Les partisans du *statu quo* n'étaient pas moins affirmatifs. Je suivis l'unique indication commune de leurs discours : j'allai voir. Et ce furent des jours délicieux que ceux que je passais dans l'*Agro*, à l'est, au nord, à l'ouest de Rome, captivé de plus en plus par cette étrange contrée, et par tous les problèmes qu'elle soulève, et par les rêves qu'elle éveille.

Je n'ai pas la prétention de l'avoir découverte. Mais je veux dire simplement ce qui peut paraître nouveau à un étranger, ce que j'ai observé, entendu ou cru deviner, dans ces courses multipliées. Et pour cela j'en choisis quatre, à travers des domaines très dissemblables, dans des régions opposées de la campagne.

Au nord de Rome. — Je sors de Rome avec un ami, par la porte du Peuple. La voiture s'engage dans la vieille voie Flaminia. Et tout de suite, autour de nous, la campagne prend cette ampleur de lignes et cet air d'abandon qui la font si belle. Point de détails jolis, pas de coins d'ombre, de cascades, ou même de ces groupes d'arbres aux feuilles fines, joie du pays toscan, mais une succession de vastes espaces bossués, verts, mêlés de plaques de pouzzolane au premier plan, bleuissants dans le lointain, cernés de montagnes dont les neiges ont des teintes changeantes avec les heures.

Le travail de l'homme y laisse à peine une trace. Comme l'épervier qui le parcourt en tous sens, le regard ne s'y pose pas. Il erre, au milieu d'accidents toujours les mêmes : — une colline brusquement entaillée, rongée à sa base par un ruisseau boueux, une ruine au sommet d'un monticule, une enceinte de pieux longue de plusieurs milliers de mètres, enfermant un troupeau, — il reste suspendu, étonné de la monotone tristesse de chaque chose et de la grandeur claire de l'ensemble. C'est une impression très nouvelle, que je n'ai ressentie que là. Nous passons le Tibre sur le ponte

Milvio. Dans une prairie qui sert de champ de courses, l'ancienne vacherie de Tor di Quinto, un long bâtiment jaune, à toits rouges, est devenue l'école de perfectionnement pour la cavalerie. Je ne vois pas de cavalier. Mais je vois partout, dans le regain vigoureux, des pâquerettes à dessous roses, grandes comme des marguerites de juin. Et cela est si doux en décembre ! D'ailleurs, en quelle saison sommes-nous ? L'air est chaud, le Tibre jaune se tord parmi l'herbe abondante des rives, et les pins ont des aigrettes d'étincelles, sur ces rochers de gauche, qu'on nomme les pierres du Poussin.

Nous arrivons à la hauteur de deux domaines situés sur la limite de la zone de *bonifica* et concédés en emphytéose perpétuelle à mon compagnon, M. P... Le premier, Valchetta, appartient au chapitre de Saint-Pierre, le second, Prima Porta, au chapitre de Saint-Laurent. Un homme nous attend à cheval. Il nous précède. Nous quittons la route dans une petite carriole qu'il a amenée, et, tout de suite, l'aspect de la campagne révèle un agriculteur entendu et actif. Le long du chemin, montant entre deux haies d'épines, s'étendent des champs de luzerne qui donnent cinq coupes de mai à septembre, des prés pleins de haut trèfle, des guérets préparés pour une plantation de betteraves, — culture encore nouvelle dans l'*Agro*, — puis un bois de jeunes pins, d'une belle venue, planté au pied du plateau rocheux où la ferme est posée. La ferme ressemble à beaucoup de celles que nous connaissons en France, mais l'éperon de terre qui la porte partage par le milieu une étroite vallée, et cette vallée est celle où se livra la bataille des trois cents Fabius contre les Véiens. Pendant que je regarde, penché entre deux romarins, ce ruisseau fameux du Cremere, bien menu dans les prés que je domine et qui fuient comme deux routes vertes, le vieux fermier m'a cueilli un bouquet de roses. Il l'attache au tablier de la voiture, et me conduit vers l'étable, — une rareté dans la campagne, — où sont renfermées, pendant la nuit, cinquante vaches de race suisse, dont le lait se vend à Rome. Je lis sur une ardoise, à l'entrée, le produit de la traite de la veille, trois cents litres, et au-dessus des crèches, dans l'étable parfaitement aménagée et digne d'une ferme-école, une série de noms expressifs : *Galantina*, — *Invidiosa*, — *Sfacciata*, — *Bellabocca*, — *Monachella*. Les quatre cents autres bêtes laitières, de race romaine, vivent jour et nuit dehors. Elles sont à demi sauvages, et, pour les traire, à onze heures du soir, les gardiens s'en vont à travers la campagne, montés sur une charrette traînée par des bœufs.

Par les prés sans route et très montueux, nous nous dirigeons vers Prima Porta. La terre, partout fumée au moyen du parcage des moutons, est couverte d'une épaisse couche d'herbe. Au sommet des courbes seulement, et le long de certaines pentes rapides, je vois, çà et là, des plaques pelées où la pierre affleure. « Des essais de culture, me dit M. P... Le sol, que nous avons défoncé, pour obéir à la loi, a été emporté par les pluies. Rien ne poussera plus ici. Vous pouvez juger si la loi est universellement applicable. »

Nous voyageons longtemps, sans rencontrer personne, dans les vallonnements sans fin des pâturages, que couronnent çà et là des taillis aux formes incertaines et baveuses, comme des coulures de rouille. Et comme nous avons quitté la ville assez tard, le crépuscule s'annonce. Le Tibre lointain luit par endroits, et les champs de blé bleuissent. Un vol d'étourneaux passe, lancé vers un groupe d'arbres connu d'eux seuls et perdu dans l'immensité. Une tristesse plus grande descend avec l'ombre. Nous sommes au bas d'une croupe énorme, d'un vert olive. « La cabane des bergers, » me dit mon compagnon en étendant la main. Au sommet, une grande cabane ronde, au toit conique, s'enlève sur le ciel doré. Des palissades d'osier font une ligne noire à sa base. Nous approchons. Je vois que la couverture de la maison est en branchages et en roseaux, et qu'une croix de bois, avec la lance et l'échelle, pointe tout en haut. L'arrivée de la carriole a fait sortir trois hommes. Ils saluent. Un vieux s'avance, son chapeau pointu à la main : « *Buona sera!* » et nous introduit dans la demeure dont il est le chef. La hutte que les bergers romains se sont bâtie est spacieuse et commode. Elle doit durer deux ou trois ans, après lesquels le campement sera choisi ailleurs. C'est ici la vraie vie pastorale. D'un ôté, les bergers ont leurs couchettes, sur deux rangs, l'un presque au ras du sol, le second à quatre pieds de terre; de l'autre sont des tables où sèchent les derniers fromages fabriqués, et les chaudrons, les jattes, les instruments de bois qui servent à la fabrication. Juste au milieu de cette chambre ronde, un trou assez profond, où brûlent les restes d'un fagot. Le vent qui traverse librement, d'une des portes à l'autre, active la flamme, et chasse la fumée.

« Je crois que la soirée sera fraîche, Excellence, » dit le chef à mon compagnon, et il regarde en disant cela, les yeux à demi clos, une étoile bleue qui s'est levée au-dessus des brumes d'horizon. « Est-ce que les brebis sont rentrées ? — Elles sont en route, Excellence. Je les ai entendues qui venaient de l'ouest. — Montre donc à mon ami les chaises que vous faites pendant la veillée d'hiver. » Et deux hommes apportent des sièges de bois rouge dont le dossier, le siège, les barreaux, sont sculptés au couteau, très finement. Les sujets varient peu : des croix, des calices, des ostensoirs à rayons inégaux, des branches de laurier enveloppant le sujet principal, avec beaucoup de grâce et des courbes tracées de main d'artiste. M. P... m'explique que les vingt-six bergers habitant cette cabane la quittent vers la fin de juin, pour rentrer dans le village, là-bas, perdu dans les neiges de l'Apennin, et où sont les femmes, les enfants, les mères, les fiancées. « Ils se préparent longtemps d'avance à ce voyage, me dit-il, et se préoccupent de bien emporter tout ce qui est nécessaire pour eux et pour leurs bêtes. Aussi, deux ou trois jours avant la date fixée pour le départ de la tribu, ils abandonnent la maison où nous sommes, et vont camper à cent mètres en dehors, afin d'éprouver si rien ne leur manque. Alors ils emmènent leur troupeau, à petites étapes, vers les montagnes. »

Nous sortons. En dix minutes, la terre est devenue presque noire, tandis que le ciel, lourd et tremblant de brume à l'horizon, reste pâle au-dessus de nous. Une rumeur sourde s'élève du vallon, et quelque chose de mouvant, comme une nappe de brouillard ondulant sous le vent, couvre les premières pentes de la colline. Ce sont les quatre mille brebis du domaine, en bande compacte. Je commence à distinguer les chiens blancs qui bondissent autour d'elles, et les bergers à pied qui les cernent, leurs manteaux bruns traînant dans l'herbe, et le chef à cheval qui les suit. Tous ensemble ils montent sans hâte, d'un mouvement continu, avec un bruit de cailloux roulés, comme une marée. Mon compagnon m'entraîne jusqu'aux palissades que j'avais remarquées en avant de la cabane : une série de petites ouvertures y sont pratiquées, de distance en distance, et permettent aux brebis de passer une à une, devant autant de guérites en pieux, où les hommes viennent s'asseoir. La rapidité avec laquelle ils traient le lait de cet immense troupeau est merveilleuse. Vingt-six bergers se sont placés sur la longue ligne. Les bêtes, enfermées dans un parc, derrière eux, se pressent aux vingt-six portes de l'enclos. Elles s'engagent dans un étroit couloir, sont arrêtées par une fourche en bois que l'homme leur jette au cou, traites en un instant et remplacées par d'autres. En moins d'une heure, tout le lait est recueilli.

Quand nous descendons la colline, la nuit est venue. Une épaisse vapeur nous enveloppe. Les étoiles voilées dorment au-dessus du Tibre. En trottant sur la pente herbeuse, le cheval fait un écart. C'est un jeune berger, un enfant de quatorze ans, le bonnet à la main, qui s'est mis sur notre passage. « Te voilà, petit, tu es en retard! » Il répond sans embarras, d'une jolie voix fraîche qui s'en va, toute gaie, dans l'universel silence de l'*Agro*. Et quand il a repris sa route, M. P... me raconte l'histoire arrivée il y a deux mois.

Le petit gardait quatre cents brebis, au bord du fleuve. L'idée lui vint de coiffer de son chapeau la tête d'un agneau. Il fit une bride avec des joncs, et lâcha la bête encapuchonnée parmi le troupeau. Mais une panique terrible s'empara des brebis : affolées à la vue de cet agneau coiffé qui courait après elles, elles se mirent à galoper autour du pâturage, et allaient se jeter dans le Tibre, quand le *vergaro*, apercevant de loin le danger, piqua des deux, du haut de la colline, et se jeta sur la rive, juste à temps pour empêcher le malheur...

Et cette petite histoire se déroule, tandis

que la carriole court sans bruit sur l'herbe, et que la nuit découvre lentement ses étoiles.

Santa-Maria. — Un matin gris et pluvieux, le 8 décembre. C'est la fête de l'Immaculée-Conception et celle d'un village, Santa-Maria, bien loin, à vingt-quatre kilomètres de Rome. Je pars seul dans une voiture de louage. La pluie tombe serrée, glacée; elle semble encore amaigrir le cheval, dont le poil mouillé laisse voir les os en mouvement. Oh! la lente et triste route! Des ruisseaux de boue jaune la barrent par endroits. Elle tourne, monte un peu, descend un peu, jamais beaucoup, à travers des pâturages que le nuage étreint et limite. Aucun horizon : rien que des lignes de barrières coupant des étendues d'herbes; un troupeau de bœufs, çà et là, immobiles et stupides sous l'averse. Rien ne passe que nous. Rien ne fait de bruit que les roues écrasant la terre molle. Comme je vois bien que l'unique beauté de ce désert est, comme celle de la vie, dans ses lointains et dans son ciel! L'auberge isolée, la pauvre *osteria* postée, à peu près toutes les lieues, au bord du chemin, est close contre le mauvais temps. Ils sont quelques-uns, à l'intérieur, qui racontent des histoires de cavales égarées, de brebis mortes, d'empiétements de voisins, en buvant le vin de Tivoli. Mais le murmure des mots s'en va par la cheminée. Nous continuons à errer dans cette solitude rapetissée, dont le paysage a l'air de se déplacer avec nous, tant il reste le même, entre ses murs de pluie aveuglante.

Enfin, vers onze heures, la silhouette d'un cavalier, enveloppé de son manteau, se dessine à droite du chemin. Il tient un second cheval par la bride. C'est le *vergaro*, le chef berger, envoyé au-devant de moi. Je saute à cheval. La voiture s'éloigne dans la brume, et nous nous avançons, à travers les blés nouveaux qui sont d'une grande beauté. « Combien d'hectares cultivés, ici, *vergaro* ? — Trois cent quarante sur dix-huit cents. » Des bandes de mouettes se lèvent sous les pieds des chevaux.

Nous montons une colline au trot, par les rigoles d'assèchement, nous descendons une longue pente, toujours enveloppés de la même nappe de froment vert. Au bas, M. P... nous rejoint, sur un très joli cheval. Il est le fermier de cette *tenuta* comme de la précédente que j'ai visitée. On m'a dit à Rome qu'il était un des meilleurs agriculteurs de la campagne romaine. Et je suis confirmé dans cette idée en revoyant ici des terres bien aménagées, des blés d'espèces choisies, des prés, fumés d'après la même méthode qu'à Prima Porta, d'une abondance rare en herbe et en trèfle. Le relief du terrain n'est d'ailleurs plus le même. Il est ici beaucoup plus accidenté. En approchant des bâtiments de la ferme, les collines se tassent et s'emmêlent, séparées par des gorges. Plusieurs sont couvertes de bois, mais la plupart ne servent que de pâtures. Au sommet de l'une d'elles, dans le bleu léger des seconds plans italiens, — car le soleil a reparu, et les nuages sont en fuite, — j'aperçois des ruines cernant une crête.

— Un village ruiné?
— Oui.
— Comment?
— Les uns disent par la malaria.
— Et les autres?
— Par le calcul de grands propriétaires, qui, autrefois, ont peu à peu tout acheté, et

puis ont chassé l'habitant, afin d'être seuls maîtres : je ne sais pas au juste. C'est loin d'ici.

Au moment où le *vergaro* me répond ainsi, nous descendons en pente douce, par un chemin exquis, bordé d'un côté de touffes magnifiques de laurier, de laurier des poètes, fusant en belles pointes serrées, noires, odorantes : un reste de bois sacré où les Muses ne pourraient pas danser, mais pourraient encore pleurer sans être vues. Je remarque que certaines branches sont effeuillées, et je demande à M. P... :

— Qui donc a dépouillé vos lauriers ?
— Des Allemands.
— Qu'en font-ils ?
— C'est un revenu du domaine et des domaines voisins. Je leur vends la feuille. Ils en emportent des quintaux, et s'en servent pour fabriquer le bleu de Prusse.

Je ne m'attendais pas à cette réponse, ni à voir les feuilles des lauriers italiens prendre cette route. Nous entrons dans la cour de la ferme, par une porte monumentale, et nous descendons de cheval, en effet, à côté d'un tas de ballots de feuilles ficelés, prêts à être expédiés. On me montre une bergerie où sont des moutons de race pure, achetés à notre bergerie nationale de Rambouillet, et qui donnent de si beaux produits, croisés avec la race du pays, qu'un propriétaire voisin, à peine a-t-il pu juger les heureux résultats obtenus par l'initiative de M. P..., a télégraphié à Rambouillet, pour avoir des béliers et des brebis semblables.

— Oui, monsieur, me dit avec conviction mon hôte : il a télégraphié, il s'en est remis complètement à la loyauté du directeur, et, telle est l'honorabilité de vos grands établissements français, qu'il a reçu des animaux aussi parfaits que ceux que j'avais été choisir moi-même !

Mais, sans trop l'avouer, — car on me prend un peu pour un agronome, et c'est toujours dommage de détruire une illusion flatteuse, — je trouve un bien plus vif plaisir à flâner dans la cour, où sont réunis les gens de la *tenuta*. Je ne vois guère que des hommes, vêtus de noir, quelques-uns portant le manteau, l'air assez dur, causant par groupes. Ils viennent d'entendre la grand'messe, chantée à l'occasion de la fête patronale, dans la très vieille église accolée à l'espèce de château qui forme le fond. Parfois un groupe s'ébranle, et entre dans un bâtiment long et bas, l'aile droite de la cour. J'entre à mon tour. Ils boivent et fument dans une des pièces occupées par cet industriel indispensable et presque toujours florissant de la campagne romaine : le cantinier. Chaque ferme est une véritable ville, qui doit se suffire à elle-même et suffire aux environs habités, s'il y en a. Elle est l'unique ressource, le centre d'approvisionnements. Le cantinier de Santa-Maria, un Suisse dont le visage rose fait un singulier contraste avec les visages barbus et bronzés de ses clients, vend de la charcuterie, de l'épicerie, du vin, des étoffes, tout ce qu'on veut. Je lui achète une boîte de cigarettes égyptiennes, que je distribue, à la grande joie des barbes noires, qui s'écartent pour sourire. J'apprends qu'il fait de bonnes affaires, environ cinquante mille francs par an, et qu'il paie une redevance de cinq cents francs par mois.

Une soutane rouge, deux soutanes rouges traversent la cour. Ce sont des élèves du collège austro-hongrois, amenés à la fête de

Santa-Maria par leurs supérieurs, auxquels le domaine appartient. Je suis ici dans un patrimoine ecclésiastique, concédé par je ne sais plus quel pape, pour l'entretien d'un séminaire autrichien à Rome. Le passage des clercs indique que les dignitaires du collège vont eux-mêmes bientôt sortir de l'église, et que le dîner va sonner. Je n'ai que le temps de parcourir le jardin, situé de l'autre côté de la cantine.

Mon Dieu, que ce doit être joli au printemps, ce jardin abrité, en partie planté d'orangers et de mandariniers! Même en hiver, il a son charme. On devine la forme des arbres grêles qui n'ont plus de feuilles, et où seront les fleurs, et combien la vue sera douce sur les moissons déjà hautes; les citronniers, plus délicats, paraît-il, sont défendus contre la gelée, le long du mur, par un toit de roseaux. Je soulève cette couverture mobile, et le parfum qui s'échappe me rappelle la Sicile, Palerme, la Conque-d'or...

La cloche sonne. La cour est déjà à moitié déserte. Nous nous mettons à table dans une salle du premier étage, blanchie à la chaux, dans le manoir du fond. Je ne crois pas, de ma vie, avoir vu un plus étonnant mélange de convives. Il y a, autour de la table couverte de linge blanc, ornée de pommes, de poires et de racines de fenouil, il y a le supérieur et l'administrateur du domaine, qui sont Autrichiens, et portent la soutane noire ; M. P... qui est Romain ; le cantinier, Suisse, en jaquette ; le curé de la ferme ; le garde, en livrée bleue à passepoil rouge et bande d'argent au col ; le chef des cultures ; le chef bouvier ; le chef berger et son prédécesseur retraité ; enfin deux élèves, en soutanes rouges, comme des cardinaux. C'est un usage ancien et louable, d'inviter ainsi les principaux employés du domaine à un banquet annuel. Ils sont respectueux, mais non intimidés, ni serviles. La conversation, partie en patois romain et partie en français, leur échappe à moitié. Ils mangent royalement, en hommes très vigoureux, auxquels la vie à cheval donne un appétit formidable. Mais, quand ils parlent, ils ont tous de la repartie. Et le plus vivant, le plus curieux d'entre eux, est peut-être l'ancien chef berger, un vieillard de soixante-douze ans, large d'épaules et de poitrine, la trogne rouge et hâlée, la barbe à peine grisonnante et vrillée à la manière des barbes des statues grecques, les cheveux abondants et soulevés par grosses mèches. Il a toujours vécu parmi les bergers et les brebis du domaine, l'hiver et le printemps à Santa-Maria, l'été dans les montagnes. On l'eût tué, si on l'avait, à l'heure de la retraite, séparé de son troupeau, de ses camarades, de sa cabane. Alors on lui a permis, quoiqu'il ne soit plus le chef responsable, de rentrer à l'automne avec la *masseria*. Il passe encore sa journée à cheval, surveillant les hommes et les bêtes. « C'est que l'air est bon, à Santa-Maria, dit-il en levant ses yeux jaunes. Je n'ai pas beaucoup de contemporains dans la campagne! » Il raconte ensuite, interrogé par l'administrateur, et par petites phrases un peu honteuses, qu'il a été attaqué, il y a deux ans, à la tombée de la nuit, par le fameux Anzuini. Le brigand est entré, avec un autre, dans la cabane où le *vergaro* se trouvait ainsi que quatre de ses hommes. Il a mis le canon de son fusil près de l'oreille du vieux. « Qu'as-tu fait alors, mon pauvre ami? — J'ai compris, répond en riant le berger, j'ai donné ce que j'avais, cent soixante-dix francs ». Le lendemain matin, Anzuini opérait de la même manière du côté de Viterbe. Il avait franchi vingt lieues à pied dans la nuit.

Je dois ajouter, pour la tranquillité de ceux qui seraient tentés de visiter Santa-Maria, que le brigand a été pris. Le métier, avec le temps, est devenu difficile, et nos mères, qui nous racontent leur voyage de noces entre Rome et Naples, comme des expéditions aventureuses, ont été les dernières à pouvoir parler de la sorte sans mentir. Tout au plus vous dirait-on, si vous insistiez, qu'il existe encore deux ou trois brigands retirés des affaires, qui ont atteint l'honorariat en même temps que leurs juges éventuels. On vous nommera ces gens paisibles, revenus des habitudes un peu brusques de leur jeunesse, et qui se font payer précisément pour ne pas être tentés d'y retomber. Les voisins sont charmés de les entretenir dans la vertu. Le prince X... paie régulièrement une pension à Tiburce, vous vous souvenez, Tiburce de Viterbe. C'est du moins le bruit qui court. C'est même ce qu'a osé imprimer un patriote sicilien, M. Luigi Capuana, qui tient à venger la pauvre et charmante île des accusations déplacées du continent italien[1]. Quant au prince, j'imagine que, si quelqu'un avait l'ingénuité de l'interroger, il aurait un sourire énigmatique, tordrait la pointe de sa moustache brune, et ne répondrait pas. N'est-on pas libre de faire garder sa terre par les gardes qu'on veut ?

A l'est de Rome. — Je ne désignerai pas autrement le point que j'ai visité aujourd'hui, parce que j'ai de trop graves critiques à formuler. Il suffira qu'on sache que la terre dont il s'agit se trouve en dehors des dix kilomètres de rayon soumis à la loi du *bonificamento*, et appartient à un grand seigneur romain.

Quand nous sortons, mon guide et moi, de l'enceinte de la ferme, qui garde encore son aspect féodal, il est plus de midi. Le travail a repris. Au fond des granges, d'où s'envole une poussière blanche, des hommes, des femmes égrènent le maïs, qui s'amoncelle en tas

---

[1]. *La Sicilia e il brigantaggio.* **Roma, Editore il Folchetto,** *1892.*

d'or à leurs pieds. Ils ont une apparence misérable et lasse. Le *caporale*, leur chef, l'exploiteur général de leur bande, une sorte de nain aux yeux vifs, va d'un grenier à l'autre. Ni quand il passe, ni quand nous passons, une seule tête ne se tourne avec un sourire, une seule bouche ne s'ouvre avec un mot de bienvenue ou de connaissance. A quoi bon? Que sommes-nous pour eux? Ils se sentent étrangers dans ce domaine, où nul autre que le *caporale* ne sait leur nom, ni le fermier général, ni le propriétaire, ni le garde, ni personne. Ils sont un simple troupeau de montagnards des Abbruzes, qu'un contrat d'embauchage a conduits ici pour la saison du maïs et des semences; dans un mois ils retourneront chez eux; l'an prochain, ils travailleront à l'autre bout de l'*Agro*. « Sont-ils nombreux sur la *tenuta*? demandai-je au guide. — Environ quatre cents à cette époque-ci, monsieur, mais une quinzaine seulement en été ». C'est la condition habituelle des fermes de l'*Agro*.

Le guide ajoute, devinant ma pensée : « Ils ne sont pas heureux. S'ils n'avaient pas de religion, ils se révolteraient. » Je le crois sans peine.

Nous suivons une chaîne de collines, puis une vallée où un troupeau de vaches est parqué. Elles ont ces belles cornes écartées, longues et fines, et ce pelage gris, sans rayures, que les peintres n'ont jamais bien rendu. Autour d'elles, les prés sont pauvres. Ils montent devant nous, jusqu'à un mamelon très lointain, dont la courbe se dessine sur le ciel, avec une cabane de bergers au sommet. Nos chevaux prennent d'eux-mêmes le galop. Ils font sonner sous leurs pieds la pente ronde. Une vieille femme paraît la porte. Elle sourit au moins, celle-là! « Voulez-vous un œuf frais? — Volontiers. — Lavinia? Lavinia? » Une petite ébouriffée court chercher un œuf dans une cabane dressée pour les poules, à côté de celle des bergers, le tend à mon compagnon, qui prend une épingle, perce les deux bouts, boit le jaune et le blanc presque d'un trait, et jette sur l'herbe la coque entière. « A la romaine! » dit-il.

Nous repartons. Nous descendons la pente vers un champ de guéret immense qui fume sous le soleil. Au premier tiers, enveloppés d'une brume dorée, qui luit comme une auréole autour d'eux, une bande d'une centaine de paysans, nous tournant le dos, s'avancent lentement, brisant les mottes à coups de pelle et de pioche. Aucun n'est inactif. L'éclair des lames court, ininterrompu, d'un bout de la ligne à l'autre. Les femmes sont vêtues de rouge, les hommes d'étoffes sombres. L'un d'eux, tout jeune, porte un pigeon blanc sur l'épaule, et la bête frémit de l'aile, sans prendre son vol, toutes les fois que son maître se baisse, entraîné par le rythme de la pelle qui retombe. Seuls, deux chefs de culture, grands, chaussés de bottes, ne travaillent pas, et surveillent, appuyés sur leur bâton, le troupeau humain. Que voulez-vous ? il y a peut-être de l'injustice à penser cela : mais, malgré soi, un tel spectacle ramène le souvenir vers les temps antiques où, sous la conduite d'esclaves préférés, les esclaves cultivaient les *latifundia* de l'*Agro*. La différence est petite. Je demande à mon guide : « Où habitent ces gens ? — Ceux-ci assez loin, les autres, venus pour un temps moins long, plus loin encore. — Combien faut-il pour visiter les deux campements ? — Une heure. — En avant ! »

Derrière le bataillon des rudes casseurs de mottes, dont pas un ne se détourne, nous passons, nos chevaux posant sans bruit leurs pieds sur la terre molle. Sauf cette ligne brisée de petits points noirs, qui diminuent et s'effacent, l'immense campagne est déserte. Déserts les fronts de talus surgissant en tous sens, pareils à des falaises creusées par une crue furieuse et couronnées d'un peu de bois; déserts les prés; désertes les friches pierreuses, encaissées, que termine une arche romaine, isolée, couverte de lierre, mystérieuse comme la lettre unique d'une inscription effacée. Au delà du pont, un grand marais à demi desséché, ou plutôt une terre très basse, que contournent des ruisseaux et d'où s'élèvent encore des tiges brisées de maïs. Nous avançons très lentement. Et je vois monter en face de nous, un peu à droite, une sorte de colline dénudée, ovale, ayant la forme et la couleur d'une poire tapée dont la queue tremperait dans le marais. Des huttes y sont posées en lignes parallèles, les premières presque confondues avec le sol, les plus hautes bien nettes sur le ciel. Voilà donc le village! Nous pressons nos chevaux. Un premier pont fait de rondins à peine liés ensemble, jetés sur un canal fangeux, puis une pauvre île inculte, puis un second bras de ruisseau, dans lequel lavent une demi-douzaine de jeunes filles en haillons. Elles se redressent un peu, toutes, sans lâcher leur poignée de linge. Mais pas une ne sourit. Pas même une étincelle de vie heureuse dans ces yeux de quinze ans : rien que le reproche de la misère découragée, le reproche injuste qui s'adresse à tout le monde, et qui fait mal. Je le sens qui nous suit, après que nous sommes passés. Et devant nous, sur le premier ourlet du raidillon où est le village, d'autres regards pareils, chargés de la même plainte, nous attendent et nous accompagnent. Un groupe de vieilles femmes et d'enfants, immobiles, assis, se chauffent au soleil. Nous pénétrons, sans être salués par personne, au milieu des rangées de huttes. Il y en a là soixante-quinze, formant quatre ou cinq rues, sur le plateau montant. Toutes se ressemblent : deux palissades de roseaux cueillis dans le marais, inclinées, attachées par le sommet à une perche transversale, une autre, en triangle, faisant le mur du fond, et une autre percée d'une porte,

12.

en avant. C'est l'abri qu'un propriétaire, grand seigneur, touchant près de cent mille francs par an du chef de ce seul domaine, veut bien offrir à ses travailleurs. Nous sommes à quelques lieues de Rome, en pays de vieille civilisation, et voilà les huttes, dont aucun sauvage ne se contenterait, où vivent plus de trois cents personnes, hommes et femmes, neuf mois de l'année, où des mères accouchent, où des enfants naissent et grandissent. Je suis tellement surpris et ému de ce spectacle que je mets pied à terre pour mieux juger. J'entre, plié en deux, par un trou découpé dans une palissade, et je me relève en face d'une toute jeune et très belle créature, bronzée, aux longs yeux, du type classique le plus pur. Elle est enveloppée de fumée, car, dans un creux, au milieu de la cabane sans cheminée, des déchets de maïs se consument au-dessous d'une marmite. La première chose que j'ai vue, c'est le grand cercle d'or qui pend à ses oreilles.

Je l'interroge. Elle est originaire des montagnes de la Sabine; elle est mariée depuis trois ans; elle a deux enfants. Où sont-ils, les petits? Elle me montre un gamin en culotte,

presque au fond de la hutte, à côté du lit qui
occupe tout le fond : le lit, c'est-à-dire, sur je
ne sais quel tréteau que j'aperçois mal, à cause
de la fumée, un amas de feuilles de maïs et
d'herbes, recouvert d'un drap sale, et défendu
contre le froid de la nuit par une natte de
jonc ! Elle paraît très douce et résignée. Je
cherche le second enfant. Elle se penche, avec
un sourire, au-dessus d'une corbeille pendue
aux roseaux, tout près de terre, à un mètre
du foyer. Le reste du mobilier tiendrait dans
le creux de la main : deux ou trois petits pots
de terre, un couvert d'étain, un paquet
d'herbes, sans doute contre la fièvre.

Je sors, le cœur serré. Je comprends mieux
à présent la violence des passions qu'excite la
question de l'*Agro romano*. Rien à faire ! Est-
il possible, en vérité, de soutenir une pareille
thèse ! Oui, à Rome, dans un salon, on peut,
sans rire, développer, comme je l'ai entendu
faire, la théorie de la vie en plein air, louer
la salubrité des systèmes de campement légers,
pareils à la tente. Mais ici, quand on se rend
compte de cette incurie totale du maître, quand
on voit l'abandon où sont laissés ces pauvres

ouvriers de la terre, l'absence de tout secours, de toute provision, de tout bien-être, on se demande si les gens qui parlent de la sorte ont vu la campagne romaine, et on se dit que le jour où le socialisme aura eu raison de la longue patience des nomades de l'*Agro*, le jour où ils recommenceront, à leur manière, la guerre des esclaves, certains possesseurs égoïstes du sol romain ne récolteront que ce qu'ils auront semé.

Je déclare assez vivement mon opinion à l'homme qui fait route avec moi, au moment où nous quittons le village.

— Vous n'avez pas tout vu, me dit-il. Mais déjà vous pouvez juger du sort de nos paysans. On appelle cela les loger. Oui, ils ont la permission de cueillir des roseaux, ou bien on leur offre des maisons comme celle que vous allez voir...

Je reconnaissais, dans le ton bref de mon compagnon, cette sorte d'ironie recouvrant une violence profonde, que j'avais observée maintes fois en interrogeant des Romains du peuple mêlés aux choses de la campagne. Le visage demeure impassible. Les yeux seuls et le ton en disent un peu plus long que les mots.

— Et personne ne donne l'exemple?

— Quelques-uns. Il y a un prince Felice Borghèse, qui a fait beaucoup de bien et de grandes dépenses à Fossa-Nova. Il y en a un ou deux autres. Mais la plupart se contentent de toucher leurs rentes par trimestre et d'avance, et se croient quittes envers tous, parce qu'on l'est envers eux... Prenez un peu à gauche, monsieur: la terre est trop humide.

En effet, nous devons tourner une pointe de marécage. Trois mulets nous croisent, chargés de déchets de maïs, qui serviront de bois aux paysans du domaine. Puis le sol se relève. Après un quart d'heure, nous rencontrons une sorte de sentier irrégulier, tracé par le pied des bêtes, dans la prairie. Il mène à une vaste construction, couverte en tuiles, au sommet d'une colline.

— L'habitation des travailleurs qui viennent ici pour peu de temps, aux époques de semailles ou de moisson, me dit mon guide.

Le bâtiment n'est qu'une grange, avec une cuisine au bout. Je fais ranger mon cheval le long du mur, et je me penche par l'ouverture d'une fenêtre. Il sort de là un relent de chambrée mêlé à de la fumée. Tout autour de la salle, un premier rang de lits par terre et un second à cinq pieds de hauteur, soutenu par une charpente légère. Chaque rang de lits est double. C'est une succession de litières de roseaux ou d'amas de paille géminés, que recouvrent tantôt un morceau de linge, tantôt un ancien jupon trop vieux et trop usé pour être porté. Des hommes, des femmes, des ménages, des jeunes, des vieux, des malades, dorment là dans la plus complète promiscuité. Ce n'est plus l'abri insuffisant de tout à l'heure. C'est autre chose, l'entassement, l'étable où l'hygiène compte peu et où la moralité ne compte pas. Au fond, le même abandon.

Des femmes, ayant entendu du bruit, étaient sorties de la maison.

Une grande vieille, ses cheveux gris retombant en mèches sur ses oreilles, les yeux terriblement enfoncés dans l'orbite, me regarda un moment, et dit :

— *Siete il medico?*

— Non, hélas! je ne suis pas le médecin. Vous avez des malades?

— Trois qui sont pris de fièvre. Il y a surtout une femme enceinte; la fièvre ne l'a pas quittée depuis quatre jours.

Mon compagnon haussa les épaules d'un air de colère:

— Vous n'avez donc pas prévenu le *caporale?*

— Pardon, répondit humblement la femme, mais le médecin n'est pas venu.

— Toujours la même chose, dit mon guide: pas averti, pas venu!

Je donnai un peu d'argent à ces pauvres, et nous partîmes.

Au retour, à cinq cents mètres de là, j'assiste à un spectacle superbe.

Dans un champ qui va s'élargissant, comme une hache, quinze couples de bœufs gris labourent de front. Les quinze charrues sont exactement alignées, ouvrant et rejetant ensemble la terre d'un violet pourpre. Ce sont les mêmes instruments que Virgile avait vus : un coin de fer et deux ailes de bois en avant d'une solive, une plate-forme ronde à l'arrière, traversée d'un bâton droit. Sur chaque plate-forme un laboureur est monté debout. D'une main il se tient au bâton, de l'autre il promène l'aiguillon sur le flanc de ses bêtes. Et ces belles formes primitives du labour, les bœufs énormes, la machine petite, l'homme immobile et digne, s'éloignent lentement, laissant la moitié du champ toute rayée et fumante. Alors, dans l'espace déjà parcouru, dans le sillage encore frémissant qu'elles abandonnent, une seizième charrue, conduite par un jeune homme de vingt ans, s'est élancée. Sans doute il nous avait aperçus. Notre présence excitait son amour-propre. Il était, ce jeune Romain, d'une élégance et d'une souplesse de mouvements rares. On eût dit qu'il conduisait des chevaux, tant il traçait vite, trouant en tous sens la glèbe remuée, les canaux d'écoulement pour les pluies. Il paraissait courir à la surface, pour son plaisir, entraîné par ces grands animaux dressés exprès et qui tournaient, rasaient les arbres, revenaient sur nous, les cornes hautes, la peau plissée aux épaules d'un frisson rapide. Et cependant il suivait de l'œil une route de pentes invisibles pour nous. Et il souriait quelquefois, jouissant de montrer à ces deux barbares, arrêtés sur la crête prochaine, ce que peut faire un Romain avec son attelage, deux bœufs gris de la campagne de Rome.

Maccarese. — Voici une contrée malsaine, à l'ouest de Rome, au nord d'Ostie, près de la mer. La *tenuta* de Maccarese, que je vais voir, une des plus vastes de l'*Agro romano*, — cinq mille cinq cent soixante hectares, — fait partie de l'ancien *Campo salino*, les marais salants où les Sabins prenaient le sel. Le voisinage et les infiltrations des eaux salées, l'impossibilité d'écouler naturellement les eaux de source et de pluie, — car, en certains endroits, le sol se trouve de trente centimètres au-dessous du niveau de la mer, — en rendent le séjour dangereux, l'été surtout, quand l'ardente chaleur aspire et répand dans l'air les miasmes des marais. D'après les statistiques d'un medecin de campagne établi dans la région, la moyenne des hommes atteints par la fièvre, annuellement est la suivante : cultivateurs, ouvriers ruraux ne quittant pas la campagne, 95 %; chefs de culture, ministres, intendants, mieux nourris et faisant de fréquents séjours à Rome, 40 %; propriétaires établis à Rome, venant visiter leurs terres et évitant d'y coucher pendant la mauvaise saison, 15 %. Il a bien fallu, en effet, que la municipalité établît des stations sanitaires de distance en distance. On soigne les fiévreux sur place. Seulement les médecins, chargés de ce service sur vingt ou vingt-cinq domaines, doivent nécessairement perdre un temps précieux pour leurs clients, en se rendant de l'un chez l'autre. Quelques personnes regrettent l'ancien système. J'ignore s'il était meilleur. Il consistait à diriger tous les malades sur Rome, où ils étaient admis à l'hôpital San-Spirito. Du temps des papes, tout homme qui amenait un fiévreux recevait une prime de deux francs, et il paraît que, la charité s'en mêlant, peu de gens pauvres restaient à l'abandon. D'autres moyens, préventifs ceux-là, sont pris par la Compagnie de chemin de fer qui exploite la ligne. Les employés, jusqu'à Grosseto, en Toscane, ne font, pendant l'été, que vingt-quatre heures de service dans la campagne, et rentrent pour passer la journée du lendemain à Rome.

Un tel état de choses devait attirer l'attention des auteurs du projet pour l'amélioration de l'*Agro*. Ils ont hésité entre deux projets : combler les salines avec des terres rapportées, ou bien les épuiser à l'aide de pompes à vapeur. Cette dernière idée a prévalu, et je vais voir de près ce qu'elle a produit.

Je quitte Rome d'assez bonne heure, le matin, avec le fils d'un ancien ambassadeur de France à Rome et le prince Camille Rospigliosi, frère cadet de don Giuseppe, qui nous attend là-bas. Tous deux ont été zouaves pontificaux. L'aîné, qui est brun, appartient au monde blanc ; le second, qui est blond, appartient au monde noir. Ils sont propriétaires par indivis de la *tenuta* de Maccarese, possédée par leur famille depuis 1675, l'administrent eux-mêmes pour une grande partie, s'entendent fort bien, et sont des types accomplis de patriciens romains, en relations d'alliances et d'amitiés avec l'aristocratie européenne, parlant français, d'allure moderne, et de parfaite courtoisie. La ligne que nous suivons, celle de Civita-Vecchia, passe pour féconde en déraillements. Il paraît que les levées fondent sous les pluies et l'action des eaux invisibles. Le fait est qu'en traversant le pont sur le Tibre, l'allure prodigieusement lente du train ouvre l'esprit à de vagues appréhensions. Rien de fâcheux cependant. Nous laissons à gauche la forêt d'eucalyptus de la célèbre abbaye des Trois-Fontaines, qui n'a pu, à elle seule, assainir la contrée, et préserve médiocrement ses propres habitants. L'aspect de la campagne, de ce côté, est d'une immense tristesse : des pâturages marécageux, à perte de vue, que tachent de vert sombre, çà et là, des touffes de buis.

A droite, le terrain se relève un peu, et se vallonne. Ce sont des maquis plantés d'oliviers sauvages, de pistachiers, d'arbres de Judée, de cornouillers, d'arbousiers, de houx, et de vingt sortes d'arbustes qu'enlacent des lianes à demi sèches, entre lesquelles je reconnais l'ombelle cotonneuse des viornes. Le principal seigneur et maître de ces maquis est l'hôpital San-Spirito. Vingt kilomètres à vol d'oiseau lui appartiennent. L'État pourrait trouver là un champ d'expérience à souhait. et montrer ce qu'il entend par colonisation, défrichement et assainissement des grands domaines. Les lois lui rendent la tentative parfaitement aisée :

mais il se hâte peu d'en user. Très loin, et délicieuses de lignes, les montagnes bleues, couronnées de neige, limitent la plaine et la vue.

Le train nous arrête à Maccarese, devant une station isolée dans cette campagne rase, et enveloppée de quelques bouquets d'eucalyptus. Cela ressemble à une foule de petites gares des lignes méridionales italiennes. Don Giuseppe vient à nous. Au delà de l'enceinte sept ou huit chevaux équipés nous attendent. Il fait un froid piquant. Nous nous couvrons chaudement, et nous montons à cheval, don Joseph, don Camille, le jeune baron Baude, deux *butteri* du domaine et moi. Nos bêtes sont de race romaine, nerveuses, habituées à deux allures seulement : le pas et le galop. On m'a gracieusement destiné une selle anglaise, et je le regrette presque, ayant de secrètes préférences pour l'énorme selle du pays, relevée en avant et en arrière, faite d'une peau légère et souple qui tient la jambe collée au cheval. La troupe franchit la voie du chemin de fer, et nous sommes dans la prairie sans route, vaste comme les pampas. Rien autre chose, dans ce désert, que des lignes de palissades, coupant la plaine à de rares intervalles, et des arbres lointains, formant des avenues tronquées, sans feuilles. Le jaune terreux des végétations mortes s'étend indéfini, un peu doré, aux renflures du sol, par le soleil levant. C'est d'une poésie sauvage et grande. Un renard part sous nos pieds, d'une touffe de buis, et nous apercevons, pendant plus d'une demi-lieue, l'éclair fauve de son pelage et sa queue soulevée par la course. Une barrière se présente. Un des *butteri*, sans rien dire, éperonne son cheval, le lance au galop, pique, du bout de son bâton ferré, l'extrémité de la porte mobile, l'ouvre toute grande : nous passons, et les traverses de bois retombent d'elles-mêmes derrière nous.

Un premier canal, creusé en vertu de la loi sur la *bonifica de l'Agro*. La pente est si faible que l'eau paraît stagnante. Nous traversons le fossé sur un pont de planches. A droite un troupeau de juments, à gauche un *tronco* de vaches romaines laitières. L'herbe est meilleure. Plus loin, dans cette partie sèche du domaine, commence un champ de blé parfaitement beau. Un jeune homme d'une vingtaine d'années le parcourt lentement, tapant du poing sur une caisse à biscuits en fer-blanc qu'il porte pendue au cou. Il est payé vingt-cinq sous par jour pour effrayer les alouettes, et une foule de petites ailes grises battent autour de lui, montent un peu, s'en vont se poser plus loin, non effrayées, à peine écartées. J'aperçois aussi, très loin, à plus d'un kilomètre en avant, une masse brune.

— Qu'est-ce que c'est ?

— Une partie de notre troupeau de buffles, répond don Giuseppe, que j'ai fait rassembler pour vous.

Trois cents animaux paissent, en effet, sur une étroite éminence couverte de brousse, cernés par deux hommes à cheval et plusieurs autres à pied. Nous pénétrons au milieu du troupeau, et, pour la première fois, je considère, de près et vivante, cette bête que j'avais vue seulement en gravure ou en rêve. L'impression n'est pas tout à fait celle que j'attendais. Au lieu de ces bêtes féroces, que l'imagination populaire calomnie assurément, je trouve des vaches laitières, noires, à la tête jolie, aux yeux longs très doux et intelligents. Les cornes sont roulées près de l'oreille; le cou est maigre, le corps, trop gros, vêtu d'un cuir pelé, semble se remuer par plaques massives comme celui de l'éléphant. L'aspect général dénote un caractère timide. Il paraît cependant que les mères, à leur premier veau, deviennent méchantes, et que les vieux mâles sont redoutables quand ils prennent le maquis. Quelques mufles barbus de taureaux, qui se baissent au passage de nos chevaux, semblent confirmer la légende.

Tandis que nous sommes enveloppés par la masse mouvante des buffles, juste au sommet du tertre, don Camille Rospigliosi s'adresse au gardien chef, le *minorente*.

— Comment s'appelle cette vache qui s'en va ?

— *Scarpe fine e stivaletti* (souliers fins et bottines).

— C'est un cri de vendeur dans les rues de Rome, dit don Camille s'adressant à moi. Et cette autre ?

— *Più sta e più va peggio* (plus ça va, plus les choses empirent).

— Et la petite, là-bas, qui porte la tête de côté ?

— *Fa la spia, ma falla bene* (elle fait l'espion, mais elle le fait bien).

— Et la grande, ici?

— *C'è gran guerra, in alto mare* (il y a grande guerre dans la haute mer).

— Vous remarquerez, ajoute don Camille, que nous somme très près du rivage, et que, par les gros temps, le bruit des vagues se répand sur tout Maccarese.

— Je comprends. Mais est-ce que vos trois cents buffles ont des noms?

— Vous voulez dire les mille buffles du domaine? Assurément. Ni le jour, ni la nuit, les hommes ne se trompent une seule fois. Et veuillez observer que ces noms sont des phrases coupées en deux hémistiches, et accentuées par deux fois à l'avant-dernière syllabe. Jamais une bufflesse de la campagne romaine ne s'appellera : « Étoile », ou « Europe », ou « la Noire ».

— Pourquoi?

— Parce que la tradition le veut ainsi, parce qu'elles obéiraient moins bien à des noms moins sonores. Songez que ces bêtes sont remarquablement intelligentes. A la nuit, elles sont renfermées dans des enceintes de pieux que je vous montrerai tout à l'heure. Leurs petits sont mis à part dans une autre enceinte. A un moment, qui varie suivant les domaines, — à quatre heures du matin, chez nous, — les gardiens qui vont traire les bufflesses se placent entre les deux palissades, dans un espace découvert. Ils crient le nom de deux ou trois vaches, en appuyant fortement sur les syllabes accentuées : *C'è gran guerra, in alto mare!* Ils répètent le cri plusieurs fois. Les bêtes entendent, fendent la foule des autres, et arrivent à la barrière. Les gardiens se tournent alors du côté des petits. Ils appellent les veaux, qui portent ordinairement le même nom que leurs mères. Les petits, dans l'oreille desquels on a corné aux premiers jours de leur naissance : *C'è gran guerra in alto mare*, ou *Scarpe fine e stivaletti*, dressent la tête, se frayent un chemin parmi leurs compagnons. On ouvre alors les portes. Les mères et les fils se réunissent. Dès que ceux-ci ont pris un peu de lait, ils sont chassés à coups de bâton sur la nuque, et les hommes achèvent de traire la bufflesse qui, sans cela, ne donnerait pas son lait.

L'explication que je rapporte ici, tout étonnante qu'elle paraisse, n'est nullement fantaisiste. Elle m'a été fournie, dans les mêmes termes, non seulement à Maccarese, mais à Salerne et dans les Calabres, par des agriculteurs, inconnus les uns des autres, et possédant des troupeaux de buffles.

En descendant du tertre, nous inclinons à droite, vers la mer. L'herbe devient plus rare. Des oiseaux d'eau, surtout des vanneaux, aux dessous d'ailes argentés, s'enlèvent autour de nous. Leurs cris pénétrants et doux animent seuls la plaine triste. Le sol décline toujours. Nous arrivons devant une sorte de lac de sel, tacheté de touffes brunes. C'est un point desséché du marais de Maccarese. Deux cheminées dépassant les arbres d'un bois, devant nous, indiquent la place où sont établies les machines à vapeur qui épuisent l'eau et la versent dans la mer. Aux époques de grandes pluies, les pompes travaillent nuit et jour. Si elles s'arrêtaient, le sol humide, couvert d'une croûte de sel, où nous marchons, disparaîtrait promptement sous un mètre d'eau. Les résultats obtenus, et qui coûtent soixante mille francs par an au gouvernement, sont donc toujours précaires. Ils permettent de cultiver ou d'ensemencer en herbes quelques parcelles. Le reste, le fond du *Campo salino*, devra être bien longtemps remué et travaillé avant de rapporter l'intérêt de pareilles dépenses.

Au sortir du marais s'ouvre un bois de chênes centenaires, tordus, noueux, éclatés, étêtés par l'orage et le temps, comme beaucoup de ceux qui composent les célèbres forêts des Marais-Pontins. Puis les prairies recommencent. Nous chargeons à fond de train, vers la ferme des buffles, qui ressemble aux cabanes des bergers de Prima-Porta, sauf que les murs cylindriques, portant la toiture de bruyère, sont ici construits en pierre. Le lait de la dernière traite s'y caille dans de grandes cuves. Les fromages fabriqués, pendus aux solives d'une grange voisine, fument dans l'atmosphère épaisse que répand un feu de branches vertes. Un second temps de galop nous amène, par des prés coupés d'arbres, devant un bois de pins presque centenaires. Nous apercevons tout à coup, à un détour, la futaie vénérable et sculpturale. Comme Puvis de Chavannes aurait bien rendu la poésie de ces belles lignes et de ces belles teintes simples : la plaine, d'un vert fatigué par les troupeaux, barrée subitement par ce mur de troncs magnifiques et sans branches, d'un rouge fauve, s'épanouissant ensemble à plus de vingt mètres du sol et se touchant par leurs couronnes sombres; point de lumière tombant du ciel sur les mousses répandues à leurs pieds, mais des rayons venus de l'autre bord du bois, du côté de la mer, et jetant des plaques d'or sur les fûts, à de grandes hauteurs, comme des lampes accrochées à des piliers de voûtes. La mer déferle à peu de distance, sur des plages d'une tristesse immense. Est-ce de là que viennent ces reflets immobiles, ou bien de petits marais invisibles, qui font miroir et parent le bois de ces lunes de féerie? Autrefois, une bande de forêt semblable formait un mur tout le long des côtes de l'*Agro romano*. Et peut-être servait-il à le protéger contre le vent malsain qui souffle de là. Les vieux Romains le disent. « Quels beaux arbres, don Camille! — Plus beaux que bons : l'humidité est si grande que le bois ne peut être employé pour la construction. Savez-vous que nous sommes ici presque au milieu du domaine, qui est surtout étendu en longueur? — Combien avez-vous à droite? — Six kilomètres. — Et à gauche? — A peu près sept. »

Pour nous rendre à la ferme des vaches, nous suivons le bord d'une bande de trois cents hectares de blé, formant un arc sans coupure autour du marais. Les vanneaux sont si nombreux et si peu sauvages, que nous en tuerions sûrement si nous avions eu la précaution d'emporter un fusil. Deux fois nous donnons la chasse à d'énormes taureaux. L'un d'eux, marqué à la cuisse du chiffre du domaine et de la date 88, est le plus bel animal qu'on puisse voir. Son pelage, gris sur les flancs, devient noir au garrot. La tête est gris foncé. Nous le laissons furieux, arrêté par une barrière, creusant la terre de ses sabots, et nous entrons dans la ferme. Un escalier extérieur conduit au premier étage dans une très longue salle. Au fond, autour du feu, un groupe nombreux de travailleurs, hommes et femmes, prenant leur repas. L'appartement sert de dortoir aussi. Mais ce n'est plus ce que j'ai vu ailleurs. Les lits sont placés dans des armoires fermées à clé, le long du mur. En ce moment, plusieurs armoires sont ouvertes. Je m'approche. A l'intérieur du volet de bois, près de l'oreiller, une bougie est fixée, sur un pied mobile. Elle est encadrée de deux cartes de géographie, sur lesquelles je lis : « *Imperium romanum* ». Le propriétaire, le paysan inconnu qui dort là doit être un passionné liseur, car un peu au-dessus du drap, sur deux planchettes clouées au mur, dans l'ombre, je vois une double rangée de volumes. La bibliothèque d'un vacher romain! Je regrette infiniment de ne pas en avoir pris le catalogue. Le temps pressait.

Au retour, comme j'interrogeais mon hôte sur la condition des travailleurs de la campagne, non pas de ceux que nous venions de visiter, mais des bandes de passage, si mal logées, si tristement abandonnées : « Dans l'état actuel de nos mœurs rurales, me dit-il, vous ne sauriez croire combien il est difficile de changer quoi que ce soit. Nous sommes dépendants de ces caporaux qui nous amènent les gens des Abruzzes. Ainsi, j'ai prié le mien d'engager les mêmes tâcherons qu'aux dernières saisons, afin de les connaître mieux, de les attacher de quelque manière au domaine. Il m'a demandé plus cher, parce que cela lui donnait plus de mal! Comme amélioration, j'ai fait, bien que nous soyons en dehors des dix kilomètres, des logements séparés pour les ménages. Il y aurait bien d'autres progrès à réaliser, mais nous sommes si lourdement grevés! Qu'on nous exempte d'impôts pendant cinq ans, et nous transformerons les choses. »

Nous mettons enfin pied à terre devant le château de Maccarese, où nous devons déjeuner. Les *butteri* emmènent les chevaux. Des chiens de chasse, échappés du chenil, sautent autour de nous. On entend le marteau d'un maréchal-ferrant qui forge une roue de charrette, dans un des coins des communs. La vie civilisée reparaît en la personne d'un vieux maître d'hôtel, qui nous précède dans l'énorme logis féodal, flanqué de deux tours carrées, et où un régiment en manœuvre logerait à l'aise. Par la fenêtre de l'appartement où la table est dressée, la vue erre sur une campagne verte illimitée, çà et là traversée d'une ligne d'arbres ou tachée d'un bouquet d'ormeaux et qui ressemble, qui doit ressembler, surtout au printemps, à la campagne anglaise.

Je désirais beaucoup connaître le rendement détaillé d'une exploitation rurale comme celle-là. Les deux princes Rospigliosi, qui sont des agriculteurs consommés et possèdent merveilleusement la comptabilité de leur *tenuta*, ont bien voulu me fournir des chiffres. Et voici ce que j'ai appris.

Le domaine de Maccarese, dont la contenance totale est de cinq mille cinq cent soixante hectares, comme je l'ai dit, est, pour une moitié cultivé directement par les propriétaires, pour l'autre moitié affermé. A l'époque où il était entièrement loué, il rapportait cent soixante mille francs, d'où l'on devait déduire l'impôt foncier. Aujourd'hui, la partie cédée à bail et qui comprend presque toutes les terres labourables ou du moins soumises à la culture, — quatre cents hectares, — produit quatre-vingt-six mille francs. Les huit cents bœufs et vaches et une centaine de chevaux qu'elle nourrit appartiennent aux princes; le fermier possède seulement une *masseria* de trois à quatre mille brebis. La réserve, directement administrée, et qui compte seulement soixante hectares de terre labourée, renfermait, au 30 septembre dernier, mille cinquante buffles, quatre-vingt dix-neuf chevaux, vingt-deux bœufs, cent quatorze vaches et taureaux.

Or un troupeau de buffles comme celui-là rapporte près de quarante mille francs par an. Il avait donné, en novembre 1892, un produit net de trois mille six cent cinquante-six francs de fromage.

Le lait de vache ne peut se vendre qu'en hiver et au printemps. Il s'expédie à Rome au prix de vingt-six centimes le litre, pris sur le domaine.

Quant aux impôts, toujours payés par les propriétaires, même pour les parties louées, ils ont prodigieusement augmenté.

En 1855, ils étaient, pour Maccarese, de deux mille écus, soit dix mille francs. Aujourd'hui, il faut additionner les impôts de l'État, ceux de la province, ceux de la commune, auxquels s'ajoutent les impôts sur les troupeaux, cinq francs pour un taureau, trois francs pour une vache, un franc cinquante centimes pour un veau. Le compte total pour la terre de Maccarese est donc le suivant :

Imposta governativa	Fr.	32.406 42
— provinciale		1.370 44
— communale		3.206 68
Impôt sur les bestiaux		2.770 »
TOTAL	Fr.	39.753 54

En ajoutant à cette somme l'impôt de trois mille francs que paie le fermier pour ses troupeaux, on voit qu'un domaine qui a rapporté autrefois cent soixante mille francs, et qui ne serait pas affermé à ce prix, dans le temps de crise que traverse la campagne romaine, est grevé de plus de quarante-deux mille francs d'impôts.

Au moment où, le soir tombant, j'allais prendre congé de mes hôtes, — qui restaient à Maccarese, — pour revenir à Rome, deux chasseurs apparurent, chaussés de bottes de marais. Ils avaient passé la journée à parcourir le domaine, et rentraient la carnassière pleine.

Bien que l'un d'eux seulement fût connu des princes Rospigliosi, et que ni l'un ni l'autre n'eussent obtenu d'autorisation, ils furent accueillis avec beaucoup de bonne grâce, ce qui n'aurait peut-être pas eu lieu chez nous, et vinrent, sans aucune gêne, serrer la main des propriétaires. Car une loi, spéciale à l'*Agro*, permet à tout le monde de chasser sur les domaines publics ou privés.

Je pris bientôt après la route de la station, dans une petite voiture que conduisait un de nos cavaliers du matin. Chemin faisant, je lui demandai : « Avez-vous remarqué un changement dans l'air de Maccarese? Est-il moins dangereux? — Monsieur, il y a toujours des fièvres, mais les pernicieuses sont moins fréquentes. — A quoi attribuez-vous cela? — Certains disent que les années sont meilleures, sans raison, comme cela s'est déjà vu. Moi je crois que ce sont les travaux de *bonifica*. Mais tout n'est pas achevé. La campagne est si grande, si grande! »

Il promenait la main en demi-cercle. Et devant nous, à droite, à gauche, la plaine herbeuse fuyait, sans un obstacle, sans une ondulation. Le ciel, bleu pâle au-dessus de nous, rose à l'Occident s'étendait clair encore sur cette rousseur infinie. Rien ne bougeait plus, pas un troupeau en vue, pas un oiseau. Rien ne troublait l'immense solitude. Une vapeur molle, aux senteurs d'herbes foulées, montait du sol. Et de place en place, loin, dans le brun de plus en plus profond des prairies, une étincelle, vite effacée, indiquait l'eau dormante.

III

PROVINCES DU SUD.

Pour exciter les chevaux, les Norvégiens imitent le bruit d'un baiser, les Arabes roulent les *r*, les cochers napolitains ont l'air d'aboyer : « Ouah! ouah! » Et les chevaux comprennent toujours. Ils sont, d'ailleurs, très nombreux à Naples, très rapides et d'un entretien peu coûteux. C'est la première dépense, le luxe de toute nécessité de la famille qui veut avoir ou garder un rang. Les plus ruinés n'en sont pas dispensés. Qu'ils économisent sur la table; qu'ils ne reçoivent jamais à dîner; qu'ils se contentent eux-mêmes du plus maigre ordinaire : mais qu'ils aient leur équipage à cinq heures, sur la *via Caracciolo !* Il est vrai qu'on peut louer une calèche à deux chevaux, avec l'homme, pour trois cents francs par mois.

Le second luxe imposé par l'usage est une loge à San-Carlo. On joue trois fois la semaine, et il y a trois séries : *tornata* A, *tornata* B, *tornata* C. La première est la plus recherchée. Mon voisin, le baron, ne voudrait pour rien au monde se soustraire à ce double devoir. Il a ses chevaux et sa loge. On dit son patrimoine entamé. C'est bien possible, et ailleurs qu'en Italie ces choses-là se disent et se voient souvent. Je n'en sais rien, mais il conserve encore seize domestiques. Deux seulement logent au palais : le concierge et sa femme. Les autres sont des gens de journée. La baronne, qui est une élégante, se lève tard. Vers onze heures et demie, elle sort à pied pour faire une *passeggiata* sous les arbres, au bord de la mer, où se promène le prince de Naples. Elle a les yeux très vifs et la pâleur la plus délicieuse. Elle emmène d'habitude ses deux filles, qui sont moins jolies qu'elle : jamais son mari. Vers une heure, les uns après les autres, le mari, la femme, le fils déjà bachelier et entré dans la vie oisive, reviennent pour déjeuner. Très peu de chose, ce déjeuner : du macaroni aux tomates et de la viande froide, toujours servie sur un dressoir. On se repose. La voiture attend à la porte à cinq heures. Je ne sais si l'on dîne mieux que l'on n'a déjeuné. Mais on repart pour le théâtre ou pour passer la soirée dans le monde, et la famille entière ne rentre au palais qu'après minuit. Le plus surprenant, c'est que le baron se plaint toujours d'être propriétaire dans la campagne du Vésuve. Tout le monde connaît cette campagne admirable, qui s'étend jusqu'à Caserte. On n'en saurait trouver de plus fertile. Elle porte jusqu'à cinq récoltes par an, sans parler de la vendange des vignes qui courent au-dessus de la terre, d'un peuplier à l'autre, en arceaux verts et rouges. La main-d'œuvre n'y coûte presque rien. Cependant un ami m'a affirmé que le fermier n'y devenait pas riche, et qu'il ne payait pas toujours le propriétaire. « Depuis trente ans que j'habite Naples, me disait-il, j'ai toujours constaté le fait sans jamais pouvoir l'expliquer. » Mon baron serait pauvre, alors, pour être par trop propriétaire, payant l'impôt et ne recevant rien. J'y crois peu.

Quoi qu'il en soit, il appartient de droit et de fait à cette aristocratie napolitaine qui est spirituelle, accueillante et sait demeurer généreuse, même lorsqu'elle est gênée. Comme le peuple de Naples offre précisément les mêmes qualités, avec la misère en plus et la culture en moins, il en résulte que la ville est la plus également aimable de toute l'Italie. Elle est encore celle où la vie est la plus simple, au fond, la moins prisonnière de certaines conventions. Tout le monde se mêle, tout le monde vit un peu dehors, et le respect humain s'en trouve très diminué. Croyez-vous, par exemple, qu'on pourrait rencontrer dans une autre ville, comme je viens de le faire dans celle-ci, à dix heures du matin, dans une des plus belles rues, un troupeau de dindons conduits à travers la foule, et un vieux lieutenant, en tenue, marchandant et choisissant lui-même, à l'étalage d'une boutique roulante, un vase de toute intimité, sans que personne y trouve à redire ou même à sourire?

Je voudrais savoir justement si Naples n'est pas menacée de perdre un peu de sa physionomie populaire et de sa liberté d'allures. Tant de simplicité, tant de naïveté lui viennent de ce que ses pêcheurs, ses marchands de *frutti di mare* et de melons, ses fabricants de pizza et de feux d'artifice, ses cuiseurs de marrons et autres artisans, habitent des quartiers défendus par leur extrême misère contre les réglementations détaillées, une sorte d'ombre qui conserve les couleurs. Les gens du peuple qui vivent entre eux, dans ces milieux homogènes, étant les plus nombreux, imposent forcément quelque chose de leur manière d'être à ceux que l'éducation leur rend très supérieurs. Or, les vieux quartiers disparaissent. D'immenses travaux sont en voie d'exécution. Les uns, bien utiles, sont destinés à compléter le système primitif des égouts de Naples et à conduire les eaux, à travers le Pausilippe, jusque dans le golfe de Gaëte; les autres consistent à jeter des rues, des boulevards, à travers, ou plutôt par-dessus les quartiers comblés et ensevelis de la basse ville. C'est ce qu'en langage administratif on appelle le *risanamento*, et ce que le peuple nomme « *lo sventramento di Napoli,* l'éventrement de Naples. » Déjà le gouvernement et la municipalité ont dépensé, pour cela, cent millions, par moitié. Depuis deux ans que je n'ai vu Naples, les progrès sont considérables. Les énormes avenues, qui partent à peu près du milieu de la colline, me semblent avoir tant allongé qu'elles seront bientôt rendues à la mer. Que pense-t-on d'elles, en bas? que deviennent les gens dont elles écrasent la pauvre maison? que reste-t-il des quartiers célèbres par leur misère, si bien décrits par Fucini dans ses *Lettres?*

Pour le savoir, il faut pénétrer dans les cités mal famées, mal odorantes, mal aérées et malsaines du Porto. Mais il est difficile d'y aller seul. Si on ne court pas de danger sérieux, si on s'expose, tout au plus, à rentrer sans sa montre ou sans son portefeuille, on ne peut bien voir ces *fondachi* et ces ruelles qu'à la condition d'y être introduit et guidé par un familier, autant que possible par une *persona grata.*

Je m'adressai donc à l'un de mes amis napolitains, et je fus servi à souhait : « Vous serez conduit, me dit-il, par un personnage ayant autorité dans ce royaume, où la police elle-même n'est pas maîtresse. » En effet, à l'heure et au lieu convenus, près du Porto, je trouvai un homme de haute taille et de belle mine, coiffé d'un chapeau mou à larges bords : le cavalier Antonio d'Auria, conseiller provincial et président de la Société centrale ouvrière de Naples.

Il avait tout à fait l'air, l'allure et aussi la puissance d'un chef, comme je le vis bientôt. Il n'était pas seul. Avec nous, nous emmenions deux journalistes, mon ami le professeur N... et plusieurs autres dont l'état civil ne m'a jamais été bien connu, mais qui possédaient tous des intelligences dans le quartier.

Nous sortons ensemble de la rue où nous nous sommes rencontrés, pour pénétrer dans une seconde, parallèle aux quais. Nous entrons deux par deux, — car le couloir est peu large et affreusement sale, — sous une voûte longue d'une vingtaine de mètres, conduisant à une ruelle. Hélas! quel lamentable assemblage de la misère des choses et de la souffrance humaine! Quel spectacle pour ceux qui seraient venus avec l'illusion d'une Naples folle de joie, contente de vivre au soleil ! La ruelle n'est qu'une bande de ciel bien mince, rompue par des haillons qui pendent aux fenêtres, et, plus bas, qu'une tranche d'air empesté, entre deux façades percées à toutes les hauteurs et tachées de longues traînées de moisissure verte. Un second portique à gauche donne accès dans une cour intérieure, toute petite elle-même, au milieu de laquelle s'élève un puits entouré de tas d'immondices nageant dans une boue noire. Tout le monde puise là l'eau quotidienne. Un escalier extérieur, en bois, monte autour de cette sorte de gouffre bâti et habité. Des têtes se montrent aux étages, des têtes de femmes et d'enfants, et pas rieuses, je vous assure, mais fatiguées et pâles. On nous regarde avec un peu d'inquiétude. Que viennent-ils faire, ces étrangers, dans le pays de la faim? On nous prend pour des députés chargés de quelque inspection. Puis une locataire reconnaît M. d'Auria : un sourire triste erre sur ces figures d'abord défiantes. En une minute, nous sommes enveloppés d'une tourbe de femmes dépeignées, d'enfants à demi nus, d'hommes tenant encore à la main un jeu de cartes marquées de signes que j'ignore. A chaque moment j'entends dire : « Voilà quelques années, le rendez-vous des affiliés de la *mala vita* était ici... Les camorristes se réunissaient là pour préparer un coup... Tel crime a été commis dans ce *vicolo*, et jamais l'auteur n'a été découvert... »

Nous visitons successivement le *fondaco Pietralella*, le *fondaco delle Stelle*, le *fondaco Freddo*, le *fondaco Verde*, le *fondaco Santa-Anna*. Une vieille, qui s'est arrêtée d'éventer, avec un morceau de carton, le *brasero* où cuisent, en pleine ruelle boueuse, les pommes de pin vertes dont elle mangera la graine, nous invite à voir sa chambre. J'entre, à sa suite, dans un corridor absolument noir, et, après sept ou huit mètres de parcours, j'aperçois, à la lumière d'une allumette, une sorte de trou sans fenêtre, ne recevant d'air et de lumière que ce qui peut en venir par ce tunnel.

— On me loue cela trois francs par mois, nous dit-elle.

Une pitié me saisit, grandissante avec le spectacle renouvelé de ces misères, et je veux vider ma bourse entre les mains de la vieille.

— Gardez-vous-en, me souffle un de mes compagnons, nous ne pourrions plus sortir d'ici.

En effet, le bruit de notre présence a déjà couru tout le quartier, et la foule grossit autour de nous. Le moindre de nos gestes est observé. Si nous donnons, tous les bras vont se tendre. Nous grimpons dans un entresol, à côté, où cinq petits enfants dorment sur un même lit, tandis que la mère se peigne. Je ne vois ni table, ni la plus petite trace de mobilier, sauf une chaise, une casserole et une cuiller à pot. Sur la chaise, un fichu rose, en laine légère, probablement celui que met la mère lorsqu'elle va, dans les quartiers riches, faire le ménage d'un bourgeois. Juste au-dessous, comme nous rasons une fenêtre du rez-de-chaussée :

— Regardez ! me dit mon voisin. Et il ajoute, bien que la chose se devine aisément :
« *Sono delle donne di mali affari.* »

D'un coup d'œil, je fais le tour de cette salle basse, où plusieurs femmes, horriblement laides et vêtues de haillons, affalées sur des chaises ou sur un coffre couvert d'une toile d'emballage, nous regardent passer. Au fond de l'appartement, une petite lampe brûle devant... oui, devant une image de la Vierge collée au mur. Il paraît que le trait n'est pas isolé. La misère a jeté là ces malheureuses. Mais la traditionnelle piété napolitaine n'est pas toute morte en elles, et elles conservent, jusque dans leur abjection, cette espérance touchante que la Madone les délivrera quelque jour. Et la lampe est là pour le dire.

— Regardez en haut maintenant, me dit M. d'Auria.

Il me montre du doigt les constructions éventrées qui ferment le cul-de-sac où nous sommes, les murs fendus, les fenêtres sans vitres, les paquets de lattes tombés du toit, arrêtés dans leur chute et pendus à une solive saillante. Les locataires ont émigré. A la hauteur du troisième étage, une rue s'avance, large comme un bloc entier de ces antiques maisons. Elle étend deux grosses poutres, comme des rails, au-dessus des cloisons ruinées. Elle est bâtie presque jusqu'au bord des remblais de décombres. Les lignes blanches des palais qui la bordent s'enlèvent sur le ciel, et diminuent encore la part de lumière du *fondaco* qui disparaîtra entièrement. C'est la ville nouvelle qui menace, qui surplombe, qui aura demain, couchés sous elles, les débris de ces casernes populaires où tant de générations ont vécu, souffert, quitté la vie avec l'inconcevable regret de la perdre, où il y a eu des drames sombres, des désespoirs, des existences inavouables, mais aussi des actes de dévoûment et de charité à jamais inconnus, et des amours candides, et des joies brèves, et quelques notes au moins de la belle chanson de la vie. Tout va mourir!

Nous ne sortons de ces affreuses cités que pour traverser des rues et des places que ne soupçonnent pas la plupart des admirateurs du golfe, places et rues entièrement accaparées par le menu peuple et transformées en bazar public. Le poisson, les fruits, les ustensiles de ménage sont entassés sur le pavé. Aucune voiture ne s'aventurerait par là. Des fourneaux fument en plein air, cuisant les mets primitifs dont se compose l'ordinaire d'un Napolitain : des pâtes à l'huile, de la pizza, des châtaignes, de petits mulets frits. Les marchands de bottines et de ferraille ne sont pas rares non plus. Une foule de clients circulent entre les étalages, mais, à les considérer, on s'aperçoit bientôt qu'ils ne doivent guère être plus d'une vingtaine par boutique et qu'en somme les titulaires, si nombreux, des menus métiers, vivent exclusivement sur leurs voisins les plus proches. La moitié des locataires d'une cour compose une clientèle. Il y a des réputations établies et des habitudes prises. Personne ne frit les gousses de poivre comme cette vieille énorme; personne ne dit la bonne aventure comme cette tireuse de cartes, qui vend aussi des numéros d'un *lotto* clandestin, et n'expose aux regards que des gilets de tricot et des châles de nuances claires.

Cette observation a une importance de premier ordre, pour qui veut juger la question du *risanamento*. J'en fais une autre en suivant mes compagnons. Une fois, deux fois, cinq fois, dix fois, notre chef de file est interpellé, arrêté, supplié par des gens qui lui demandent justice. C'est une belle fille au chignon pointu, à l'air tragique, qui le prend hardiment par le bras :

« Seigneur conseiller, voici : je vendais mes figues d'Inde, et les *questurini* sont arrivés, qui ont pris ma charrette! Ils prétendent que je n'ai pas le droit de vendre dans la rue! Quelles canailles, dites? Venez me défendre! » Et M. le conseiller provincial, gentiment, s'en va causer avec l'homme de police des affaires de la belle vendeuse. C'est un homme qui l'attire, dans l'angle d'une porte, et lui raconte son procès. M. d'Auria promet de voir le juge. C'est encore une femme accourant, suivie de trois ou quatre petits et d'une vieille mère qui marche avec peine. Ils pleurent tous : « Seigneur conseiller, n'est-ce pas affreux ? On nous a chassés de notre maison! Ils ne veulent plus nous y laisser, parce que la rue nouvelle va passer par-dessus. Mais, d'abord, la rue n'est pas encore sur nous ; puis, où irons-nous coucher ce soir? Ils ont barricadé les portes! Nous sommes dehors! Oh! la loi maudite, qui est faite contre les pauvres! » Et, comme elle parle haut, avec des gestes, les passants, par douzaines, se sont arrêtés. Ils remplissent le vicolo où nous nous trouvons, et prennent bruyamment parti contre l'administration.

Nous sommes cernés. M. d'Auria, qui n'a pas besoin de monter sur une borne pour être aperçu et entendu de tous, étend le bras, et fait un discours. Il est justement adossé à une masure en démolition. Il explique la nécessité des travaux, comment cela sera mieux plus tard, et comment il faut supporter le présent. On voit qu'il est très aimé. Les groupes fondent et nous laissent. La suppliante parle maintenant à voix basse, et s'en va presque satisfaite. Je rejoins M. d'Auria.

— Vous voyez, me dit-il, si je manque d'occupation! Tous les jours, je viens dans le quartier. Il le faut bien : tant d'affaires!

— Ce sont vos électeurs?

— La plupart, non. Vous pensez que tout ce monde ne sait ni lire ni écrire, et ne paie pas cinq francs d'impôt.

— Mais enfin, comment vous en tirez-vous? Cette femme, par exemple, qui n'avait pas où dormir ce soir, lui avez-vous trouvé un logement?

— Évidemment non. Mais je trouve toujours un peu d'argent. Je quête chez mes amis, et les choses s'arrangent. Nos Napolitains sont si résignés, si faciles ! Vous l'avez vue : elle souriait en s'en allant. Les pauvres gens ont de la peine à rencontrer un soutien. Les avocats, les fonctionnaires, les policiers ne les écoutent guère. Moi je les écoute, et ils m'aiment bien.

Nous remontons, par des détours, à travers les décombres, vers les quartiers dont le prolongement va engloutir ceux que nous venons de visiter. Quelqu'un me raconte la dernière épidémie de choléra : « Imaginez, monsieur, qu'il mourait, là, dans les maisons dont nous foulons les débris, et, dans les *fondachi* dont vous sortez, plus de mille personnes par jour. Dès le début même, le mal fut terrible, et vous n'en devineriez pas la cause? La loterie, monsieur. Vous connaissez la passion du peuple napolitain pour le *lotto*. Vous savez également qu'il joue de préférence sur certains **numéros** et notamment sur ceux qu'il nomme les **chiffres** de la Madone, huit, treize et quatre-vingt quatre. Or, le 30 août 1884, l'*ambo* de la Madone sort au tirage. Le Naples misérable exulte. Chacun gagne dix, quinze, vingt francs. Et, le lendemain dimanche, il fallait voir tout ce peuple d'affamés et d'assoiffés manger et boire. Les cabarets, les auberges, ne désemplirent pas jusqu'au soir. Les marchands de melons et de sorbets furent dévalisés : mais, dès le lundi, subitement, le choléra, qu'on croyait bénin, se révélait par trois cent cinquante cas foudroyants. »

Évidemment, toutes ces ruelles, ces cours empestées que nous laissons, ne méritent pas un regret, et l'idée de lancer une nouvelle ville par-dessus de tels quartiers n'est pas mauvaise en soi. Bien au contraire. Mais ces avenues que nous apercevions d'en bas, tout à l'heure, nous les parcourons à présent, et la grande objection, déjà signalée par mes compagnons de route, me frappe plus vivement.

Elles sont bordées de palais, de superbes maisons construites pour les riches, et qui n'ont pas toutes des locataires. Elles ont donc détruit des milliers de pauvres logements, sans les remplacer. Là est le mal, là est la cause du trouble profond jeté par le *risanamento* dans ce monde de la misère et de la faim. Les malheureux, chassés de ces gîtes immondes, ne pourront pas payer le loyer, plus élevé, des logements ouvriers qu'on a bâtis pour eux, d'autant moins qu'ils se trouveront transportés d'une extrémité de la ville à l'autre, exilés, privés de leurs quinze, ou vingt, ou cent clients du même *Vicolo* : toute leur fortune. C'est une crise terrible. « Et puis, ajoutait un de mes compagnons de route, dans les quartiers ouvriers, — vous en verrez un tout à l'heure, — les maisons sont toutes remplies d'artisans, de même que celles-ci seront un jour toutes remplies de bourgeois. Or, les anciens quartiers de la ville, même ceux que vous venez de visiter, n'étaient pas habités par une seule classe de gens. Dans ces ruelles du Porto, derrière d'affreux murs noirs, vivent encore des industriels, des marchands de soie, de laine, de coton, des armateurs pour les pêcheries. Et ces voisinages anciens, qui profitaient aux pauvres, qui leur offraient les plus grandes chances d'être connus et secourus, vont se dissoudre, comme ailleurs. Voilà pourquoi Naples se plaint. » Et je pensai qu'en effet notre façon de bâtir les villes était d'une plus belle ordonnance et plus saine qu'autrefois, mais moins fraternelle aussi.

M. d'Auria nous quitta pour redescendre au Porto, et une partie de la bande seulement, en deux voitures, s'en alla vers les quartiers ouvriers. Je ne parlerai que de l'un d'eux, construit sur des terrains incultes et des jardins : *Santa-Anna alle paludi*, au delà de la gare. L'aspect en est assez banal : des voies larges se coupant à angles droits, bordées de constructions monumentales carrées, un peu comme à Rome. J'observe seulement deux choses originales : des guirlandes de coloquintes aux devantures des boutiques, des régimes de tomates séchant le long des murs, les fritures en plein vent, l'odeur d'huile, les étalages de châles de ce rose vif que préfèrent les *ragazze,* tout un ensemble enfin transporté des quartiers bas jusqu'ici; et puis les portes cochères de ces cités populaires. Comment a-t-il été possible de bâtir de pareilles maisons, avec de si belles entrées, pour des artisans napolitains, et quel loyer peuvent-ils bien payer? Un de mes amis lève le marteau d'une des plus larges portes, appartenant à une sorte de palais à trois étages. Le concierge vient à nous, au milieu d'un vestibule dallé, très propre. En face de nous, un escalier carré, tout en granit. A gauche, une porte vitrée ouvrant sur une grande cour dont tous les côtés sont bâtis. Nous montons au deuxième étage, devant nous, afin d'avoir une idée de ce que sont les appartements moyens des nouveaux quartiers. L'immeuble abrite trente-trois familles. La première que nous visitons occupe trois pièces, et se compose de quatre sœurs, dont une a deux enfants. On nous reçoit aimablement, dès qu'on sait que je suis un étranger curieux des choses de Naples. L'appartement est dans un ordre parfait; les murs sont blancs, et partout ornés d'images ou de photographies encadrées. Un dindon gris se promène sous la table de la cuisine, et deux pigeons à huppe roucoulent sur le rebord.

— Combien payez-vous ce joli appartement, madame?

— Vingt-six francs par mois.

— Vous vous trouvez bien?

— Parfaitement. Nos voisins n'ont que deux pièces, mais ils paient moins cher, dix-sept francs seulement.

Le voisin n'a pas de dindon, mais il a une poule. C'est un vieil ouvrier menuisier, qui ne doit pas avoir la clientèle de la noblesse ou de la banque. Il nous déclare qu'il ne peut pas se plaindre du logement, et que sa poule lui donne un œuf tous les jours. Le troisième ménage est tout jeune, et la belle fille qui nous guide n'a pas besoin qu'on lui demande si elle est heureuse. Cela se voit assez au sourire qu'elle nous fait, à l'épingle de corail, triomphalement piquée dans son chignon crépu, et à l'absence de dindon, de poule ou de pigeons. Le bien-aimé courait la ville. Elle l'attendait. « Il est *lustrascarpe*, nous dit-elle, cireur de bottes. »

En somme, les appartements sont fort bien, mais le prix ne peut convenir qu'à des ouvriers ayant des économies, ou à de tout jeunes gens, qui espèrent en faire. Les pauvres véritables, sortis des taudis d'en bas, n'ont pas d'asile ici. Et je ne sais ce qu'ils deviennent. L'heure est cruelle pour eux.

Les étrangers qui vont voir la grotte du Chien ne regretteront pas, s'ils ont la bonne idée de la faire, une visite à la Vicaria. C'est moins loin et plus drôle. La rue qui mène à ce célèbre tribunal s'appelle naturellement la *via del Tribunale*. Elle a toujours été longue, étroite, commerçante et très habitée; mais elle est devenue plus accueillante qu'autrefois, et l'on ne voit plus, sur les murs de l'hôpital *della Pace*, l'inscription qui renfermait si plaisamment une idée respectueuse : « *In questa via, non possono habitare nè meretrici, nè soldati, nè studenti, nè simili genti*. Dans cette rue, ne peuvent habiter ni filles de joie, ni soldats, ni étudiants, ni gens de cette espèce. » La pierre qui portait les lettres est au musée de San-Martino, et l'esprit qui les avait tracées... mon Dieu! qu'il est loin de nous!

Je suis guidé par un jeune avocat de Naples.

— Nous sommes environ trois mille, ici, me dit-il, à pouvoir prendre ce titre. Heureusement nous n'en usons pas tous. Le palais est déjà assez bruyant. Écoutez!

Il est midi et demi, et de très nombreux passants se hâtent, comme nous, sous les portiques de ce vieux bâtiment humide, sombre, de toutes parts étayé, d'où sort un bourdonnement de foule. Avec eux, nous montons un escalier aux pierres usées, en haut duquel on trouve un couloir avec un buffet. Les avocats, les clercs, les amateurs, achètent sur le comptoir le petit pain fourré, le fromage, le « mendiant » ou le citron doux, et le cigare, noir et dur comme l'ébène, qui permettent de faire toute une belle journée de procédure sans même respirer hors du palais. A gauche, c'est la Cour d'appel; à droite, le tribunal civil avec ses onze chambres. Nous prenons à gauche, et nous entrons dans la salle des Pas-Perdus, le *Salone* de la cour, où s'agitent d'innombrables gens, qui s'abordent, s'embrassent, se parlent à voix haute, se font deux ou trois signes qui achèvent leur pensée, se quittent, et rencontrent, trois pas plus loin, de nouvelles connaissances. Il y a là beaucoup d'hommes d'affaires et de plaideurs, sans doute, mais aussi beaucoup de *dilettanti*, comme me l'explique mon compagnon. Ils occupent tout le milieu de la salle, dont les bords appartiennent, au contraire, à la corporation discrète et muette des plumitifs. Le long des murs, entre les portes qui donnent accès dans les diverses chambres de la Cour, des clercs d'avocats, rangés aux deux côtés de tables énormes, rédigent des exploits et des conclusions. Je reconnais quelques-unes de ces figures, de ces manières de lancer la main pour rouler une majuscule, quelques-uns de ces avant-bras poilus et de ces hautes formes sans poils, que je crois avoir déjà vus chez les vieux clercs de Paris. En trois ou quatre endroits, une de ces tables est louée à une marchande de tabac. Et, comme tout le monde fume, on peut suivre, dans le rayon des fenêtres, les nuages de fumée qui s'en vont vers les présidents. Mais les présidents ne jugent pas encore. Je passe dans le *Salone* du tribunal, encore plus rempli de plaideurs, d'avocats, de curieux et de scribes. Au fond de la salle, un banc, où sont rangées, pressées, causant avec des expressions tragiques, des femmes attendant l'issue d'un procès et, parmi elles, deux voisines qui nourrissent leurs enfants, deux toutes jeunes Napolitaines de la campagne, la taille large dans le corset rouge, le visage brun, le regard dur et un peu sauvage. Peut-être sont-elles parentes de ce Palmieri dont j'entends appeler la cause. Il faut si peu de choses pour amasser des ténèbres dans ces yeux du midi ! Palmieri passe devant la dixième chambre correctionnelle. Il est accusé d'avoir fait concurrence au gouvernement, en établissant une loterie clandestine, — délit bien commun, là-bas, — et extorqué de cette façon trente-cinq francs. La salle, un ancien cabinet du palais royal, est remplie d'un public évidemment partial en faveur de l'accusé, et qui laisse difficilement passage à l'huissier, et n'obéit absolument pas à ses « Silence ! » répétés. Le malheureux officier ministériel a beau appeler les témoins, de toute la force de ses poumons, deux sur trois ne répondent pas. Il s'avance jusqu'à la porte, ouverte sur le *Salone*, et, par dessus cette cohue, au-dessus de la masse humaine en mouvement, il crie encore le nom sans écho. Puis il revient, levant les épaules : un défaillant de plus.

Le président ne s'étonne pas. Il connaît son menu peuple de Naples, qui n'aime pas témoigner contre les frères du quartier, et, penché en avant sur son pupitre, les cheveux en coup de vent sous sa toque de velours aussi plate qu'un béret, il se borne à glisser les yeux du côté de son collègue de droite, puis de son collègue de gauche. Les deux assesseurs, habillés, comme le président, de la robe noire avec un nœud d'argent sur l'épaule, répondent *amen* en pinçant les lèvres. Et la parole est donnée à l'inculpé, un jeune maigre, élégant, vêtu d'une jaquette brune, qui s'avance jusqu'auprès du tribunal, et commence à se défendre, sans la moindre émotion apparente. On jurerait un avocat plaidant depuis dix ans, et pour d'autres, tant il a la voix bien posée, l'expression abondante, le geste heureux. Il s'arrête un moment entre ses phrases, et, de temps en temps, se retourne, comme pour prendre argument de tous ces témoins évanouis.

Je le laisse achever, et je traverse plusieurs salles d'audience, où c'est presque la même foule, la même absence d'appareil, et la même familiarité évidente entre les juges, les hommes d'affaires, les témoins et les simples passants. Plusieurs de ces salles de justice ressemblent à des salles de conversation.

— Nous avons eu à Naples, me dit en descendant mon ami, un confrère qui gagnait souvent les procès, non seulement à cause de son talent, mais encore parce qu'il était *jettatore*.

— On y croit toujours à la *jettatura*?

— Plus qu'on ne le dit. Et, dans une de ces

salles que nous venons de visiter, il s'est passé un fait bien amusant, voilà très peu d'années. L'avocat en question, qui avait le mauvais œil, était redouté de ses confrères, mais plus encore d'un certain président de chambre civile. Un jour qu'il se préparait à plaider une affaire importante, on apprit que son adversaire venait de mourir. L'impression produite au palais fut tout de suite fâcheuse. « Vous savez, disait-on, un tel avait accepté de plaider contre le *jettatore*, et il est mort. » Cependant, quelqu'un s'offrit pour le remplacer. L'affaire fut de nouveau fixée. Avant qu'elle vînt à l'audience, le malheur voulut que l'adversaire du *jettatore* mourût aussi, par accident.

La terreur fut générale. Personne ne se présenta plus pour plaider la cause, et le troisième avocat, nommé d'office, eut soin de ne pas comparaître quand le grand jour fut venu. Le président se trouva seul en face du *jettatore*, et il se troubla d'autant plus qu'il avait, par avance, rédigé le jugement et donné tort à cet homme terrible. Comme il s'asseyait sur son fauteuil présidentiel, un mouvement fit remonter, sans qu'il s'en aperçût, ses lunettes sur son front. « Ah! s'écria-t-il tout haut, je suis aveugle! Pardonnez-moi, un tel, je ne vous ai rien fait encore! » Et ses lunettes ayant, comme il parlait, repris leur place normale, il ajouta aussitôt, tout souriant : « Pardon de nouveau, mon ami, je revois! » L'histoire provoqua, dans le monde de la Vicaria, un long éclat de rire. Mais l'avocat *jettatore* n'en fut que plus redouté. Lorsqu'il tomba malade, tout Naples fit des vœux pour qu'il mourût. Et quand on disait aux gens qu'il était mal de souhaiter ainsi la mort du prochain : « Ce n'est pas un homme, répondaient-ils, c'est un *jettatore!* »

— Et comment devient-on *jettatore*? A quoi reconnaît-on le mauvais œil?

— A ses effets, qui sont infiniment variés, mais toujours nuisibles. Par exemple, dans une soirée, un invité entre, et, par hasard, au même moment, un autre, qui prenait le thé, laisse tomber sa tasse et la brise. La coïncidence est remarquée. Dix minutes après, le même monsieur, apprenant la mort d'un de ses concitoyens, s'écrie étourdiment : « C'est impossible! un tel? J'ai passé l'après-midi avec lui! » Croyez bien que, dès lors, les plus prudents commenceront à s'éloigner d'un homme qui passe ses après-midi avec des gens que la mort atteint le soir, et qu'il suffira de bien peu de chose, désormais, pour lui faire une réputation noire...

— Et indélébile?

— Absolument, le *jettatore* restera *jettatore*. Les années ne changent pas la malignité de son œil. N'allez pas croire, d'ailleurs, que cette superstition soit un privilège de Naples. Vous la rencontrerez, — si vous ne l'avez déjà fait, — partout en Italie. Je connais un gentilhomme des plus corrects, membre d'un des principaux cercles de Rome : quand on sait qu'il va déjeuner, la salle à manger a rarement d'autre convive que lui. Les membres du cercle, inscrits pour le repas, préfèrent payer deux fois et s'en aller au restaurant, plutôt que de manger dans son voisinage. Je pourrais vous citer une grande dame du même monde, qui, aux bals de la Cour, reste généralement seule sur sa banquette, tant que les colonies étrangères ne sont pas largement représentées. Alors quelque dame allemande ou anglaise, qui ne sait pas, va se placer à côté de la *jettatrice*, et le supplice devient moins apparent. Mais j'avoue qu'à Naples les histoires de ce genre atteignent, en raison du tempérament, un plus haut degré de comique. Je pourrais vous en dire bien d'autres. En voici une dernière, arrivée au comte de C..., mort il y a peu de temps aussi. On avait peur de lui dans toute la ville, — comme aujourd'hui de celui qu'on appelle *l'innomabile*, ou *il formidabile*, — mais rien n'égalait la terreur du duc de M..., quand il se trouvait en présence de son cousin. Le mauvais œil était si fort, que les cornes de corail ostensiblement portées en breloques, la main sur une clé, moyens puissants, d'ordinaire, n'empêchaient pas les malheurs de tomber comme grêle sur les gens qui approchaient le comte. On ne peut pas cependant s'éviter toujours, et, dans une rue, sur le même trottoir, à un tournant, le comte rencontra le duc. « Ah! cher cousin *come sta*? Je vous offre le bras, et je vous reconduis. » L'autre aurait bien préféré marcher seul. Il était blanc comme la poussière. Eut-il une faiblesse, glissa-t-il seulement sur une écorce de melon? Personne ne

peut rien affirmer, sinon que le duc se laissa
tomber, à peine au bout de la rue, et se cassa
la jambe. Alors sa prudence napolitaine ne
l'abandonna pas, et, tout meurtri qu'il fût, il
eut encore l'esprit de murmurer, à l'oreille de
son terrible cousin, cette jolie phrase de patois :
« *Grazie, perchè tu me putive accidere e te si cun-
tentate de m'arruinare..* Merci ! car tu pouvais
me tuer, et tu t'es contenté de m'estropier. »

On pourrait dire qu'il y a aujourd'hui une
école littéraire napolitaine, ou, du moins, du
Midi italien. Naples y joue le principal rôle. Elle
a toujours eu ses chansonniers de Piedigrotta,
sa joyeuse troupe de poètes qui renouvelle
chaque année, à l'occasion de la grande fête,
la poésie et la musique dont on vivra un an.
Certes, il n'y a pas seulement de jolies œuvres
parmi celles qui sont couronnées au concours
et adoptées par le public. Beaucoup meurent
et s'oublient, n'ayant eu qu'une édition à dix
centimes, vendue au coin des rues. Mais il me
semble que ces poètes ont gardé la tradition,
et que nous devons à leurs vers les nouvelles
en prose, d'une couleur si populaire et si

originale, auxquelles j'ai fait allusion. Le public lettré français est tout préparé à goûter des livres comme ceux de madame Matilde Serao, où éclatent tant de vie et tant d'amour pour les petites gens de Naples, une connaissance si parfaite, — autant qu'il nous est permis d'en juger, — de leurs mœurs, de leurs façons de penser et de dire. Le *Paese de Cuccagna*, le dernier roman que je connais d'elle, et où il est question de cette grande passion du peuple, de cette source de tant de drames, la loterie, ferait mieux comprendre à lui seul le tempérament napolitain, et renseignerait mieux sur les coutumes locales, que plusieurs séjours dans les beaux hôtels de la Chiaia.

J'en dirai autant de la *vita Napoletana*, d'un sentiment délicat et d'une langue si limpide, œuvre de M. Onorato Fava[1], et surtout des *Mattinate Napoletane*, de Salvatore di Giacomo, qui ont eu un si légitime succès. Ce sont des histoires courtes, écrites dans le mode triste qui domine là-bas, et par un artiste très affiné : *Vulite o Vasillo ?* un enfant malade, dont la

[1] M. Onorato Fava a publié récemment un roman très apprécié : *Contro i più*.

mère, une pauvre femme, fait faire le portrait, et qui meurt ; *Serafina*, une scène d'hôpital, une fille blessée de cinq coups de couteau, et qu'on opère dans une salle du haut, tandis que le père, un vieux, raconte au portier comment elle l'a quitté, un soir, honteusement ; *l'Abbandonato*, ce petit qui n'a plus que sa grand'mère, et que sa grand'mère mourante, dans un de ces *fondachi* que j'ai décrits, dépose tout endormi sur la plus haute marche de l'escalier, là où les compagnons de misère pourront l'apercevoir ; le joli conte des deux amis, le *Serin et la Colombe*, et cet admirable petit drame, *Senza vederlo*, où une veuve, Carmela, va demander au secrétaire de l'*albergo dei Poveri* la faveur de voir son enfant, et à qui personne ne veut dire qu'il n'est plus, qu'on a oublié... On ne saurait croire toute l'émotion, toute la pitié humaine renfermée par l'auteur dans ces douze pages d'un volume in-douze[1]. Verga n'a pas cette concision de haut goût. Il a, en revanche, une couleur sicilienne très marquée, violente parfois. Plusieurs de ses

---

1. Parmi les autres œuvres de S. di Giacomo, on peut citer encore *Rosa Bellavita* et un poème en dialecte '*O Munastero*.

Nouvelles, la première surtout, *Nedda*, et sa *Vita dei Campi* sont de belles histoires navrantes de la misère sicilienne.

Et ce qui reste de toutes ces lectures, l'impression qui se dégage de ces livres, c'est que la réputation de folle gaîté de Naples est en partie usurpée, et qu'à la place du gondolier de la légende, ceinturé de bleu et chantant, on trouve un pauvre homme, qui souffre et qui pleure.

Le charme des vers ou de la prose qui racontent la vie populaire leur vient donc d'une pitié très vive au fond et presque toujours voilée dans l'expression, de la faculté très précieuse de penser et de parler populairement. Écoutez ce début d'une poésie récente en dialecte, *le Prisonnier*, de Ferdinando Russo[1].

C'était une petite serpentine, — avec des yeux comme des olives noires, — rouge de cheveux, d'un rouge ensorcelant, — et elle demeurait au coin de la rue Lancieri.

La tante, une vieille, dame Caroline, — était la

---

1. Cette pièce, composée d'une suite de cinq sonnets, a paru dans le grand journal de Naples *Il Mattino*, où écrit madame Matilde Serao (n° du 20 novembre 1892).

femme de Salvatore le cafetier, — le maître de ce petit café de la Marina, — qui se nomme : café des passagers.

Il était sept heures, le soir de la fête, — quand je vis, en entrant, cette jeune fille. — Elle mettait des tasses dans un panier.

Je me fis servir une demi-gazeuse, — puis, profitant de ce qu'elle était seule, — je m'approchai : « Peut-on vous dire un mot ? »

— « Un mot ? on n'en dit pas, on entre, — on demande sa consommation, et l'on s'en va. » — « Mais, quand un joli visage appelle les baisers, — que doit faire un pauvre garçon ? S'en aller aussi ? »

— « Comprenez bien et persuadez-vous, — qu'ici personne n'a le temps de vous écouter. — Ici, les gens de la maison ont le nez fin, — je le dis, d'ailleurs, sans raison, vous savez, pour dire... »

Elle savait, au contraire, fort bien ce qu'elle disait. Le prisonnier s'en va. Sur le seuil, deux hommes lui font signe. L'affaire est claire. On va se battre. Il tire son couteau, et porte la première botte. « Je ne sais pas comment cela est arrivé, dit-il, mais je l'ai tué. »

Et voici deux ans qu'il pleure dans sa prison. Le visage de l'aimée lui apparaît en rêve. Il se tourmente à cause d'elle, et revoit tout ce passé.

Que fais-tu, toi aussi ? s'écrie-t-il. Tu ne me connaissais pas; — nous nous regardâmes alors seulement. — Mais mon amour pour toi, depuis combien l'avais-je au cœur?

A présent, je pleure, je pense à mes pauvres yeux ensorcelés par toi, — ensevelis vivants au milieu du monde. — Mon âme et mon corps, hélas! sont prisonniers. »

Ne dirait-on pas du Coppée napolitain? Et ce trait de mœurs locales, à peine indiqué en passant, n'est-il pas délicieux : « Nous nous regardâmes alors seulement. »

A travers les Calabres. — Je voulais revoir l'Etna, et, connaissant déjà la route de mer, je pris celle de terre, qui passe par Salerne, touche le golfe de Tarente à Metaponto, tourne à angle droit, et suit la longue côte de la Calabre jusqu'à l'extrême pointe de la botte, à Reggio. Un seul train permet de faire directement le trajet, et met vingt heures à l'accomplir. On part de Naples à deux heures dix de l'après-midi, pour être le lendemain, vers dix heures, au bord du détroit de Messine. Le voyage est fatigant, avec des arrêts de nuit à de grandes altitudes, et la ligne, qui a coûté des sommes énormes, — six cents millions prétend-on, — n'aura plus qu'une bien médiocre importance lorsque le nouveau chemin de fer de Naples à Reggio sera entièrement construit.

Celui-ci se détache de la ligne ancienne au-dessous de Salerne, et longe, presque sur tout son parcours, la côte méditerranéenne. L'économie de temps sera sensible. Des vapeurs attendront des voyageurs pour les porter sur l'autre bord du détroit, et le point d'où ils partiront sera vraisemblablement, non plus Reggio, mais villa San-Giovanni. On raconte même que les wagons seront transbordés sur des bacs, et retrouveront à Messine la voie, nouvelle aussi, qui doit desservir le littoral nord de l'île, et racourcir d'un tiers la route de Messine à Palerme. Les Italiens des provinces du sud parlent volontiers de ces projets, comme d'une faveur tardive accordée au Midi, et ils ajoutent que ce ne sont pas, d'ailleurs, les seuls travaux considérables entrepris aujourd'hui dans cette région si délaissée: que l'on termine un arsenal immense à Tarente, et qu'on a le dessein de détourner une partie des eaux du Sele, pour arroser les Pouilles.

Il y a là, en effet, pour le dire en passant, une curieuse idée. Les provinces de Foggia et de Bari, où se trouve le port de Barletta, principal marché des vins italiens, sont presque entièrement privées d'eau courante. La culture en souffre, et surtout la santé publique, car les habitants en sont réduits aux citernes, et l'eau, dans la saison d'été, l'eau à moitié croupie des pluies anciennes, s'y vend à un prix assez élevé. Un ingénieur, M. Zampari, a donc proposé de prendre, à Caposele, une partie des sources qui forment le fleuve méditerranéen, de construire un aqueduc, plus formidable peut-être que les aqueducs romains, de percer, à travers l'Apennin, un tunnel de cinq kilomètres, d'atteindre la vallée de l'Ofanto, sur le versant de l'Adriatique, et de distribuer ensuite, à l'aide de canaux secondaires, les eaux ainsi captées à une foule de villes et de villages des provinces éprouvées. Il a calculé que la dépense dépasserait cent millions, et s'est adressé, pour les obtenir, à des capitalistes anglais.

Des obstacles de tout genre se sont dressés devant lui. Son projet n'est encore qu'un rêve, mais hardi entre tous et bien fait pour passionner l'opinion.

Je reviens à la route de Reggio. Comme elle est fort longue, c'est une chance d'avoir choisi un bon wagon, j'entends par là un wagon dont les voyageurs sont des étrangers intéressants. Après avoir hésité, nous montons, mon compagnon et moi, dans un compartiment où sont déjà installées trois personnes : l'une, tête dure et intelligente, moustaches noires tombantes, les vêtements fatigués, semblant venir de loin; l'autre, une brave figure pleine, joviale, ornée de moustaches grises à la Victor-Emmanuel, la brosse presque blanche et fournie, grosse épingle de corail à la cravate, corne à la chaîne de montre contre la *jettatura*, le type enfin du soldat père de famille et père de ses hommes; la troisième, un monsieur très élégant, tout jeune, le teint brun, le visage long, et portant, dans la poche haute du gilet, un crayon retenu par une fine chaîne d'or.

Les débuts sont presque toujours silencieux. Nous regardons tous, plus ou moins, le paysage. Il est délicieux, chacun le sait, autour du Vésuve. La vallée, au delà même de Pompéi, quand on a perdu de vue la mer, est d'une fertilité grande, et j'admire les champs de fèves luxuriants non moins que les lointains bleus; puis il y a les montagnes, déjà pauvres, au milieu desquelles le train s'engage ; puis l'arrivée à Salerne, si étonnante, si royalement belle, cette vue, au sortir d'un tunnel, de la ville en demi-cercle, subitement aperçue au bas d'une pente immense, avec ses maisons blanches, ses toits rouges, sa *marina*, ses jetées, le flanc du promontoire qu'on vient de traverser et où se tord la route d'Amalfi, toute bleue dans les coins d'ombre, la mer enfin, sans une ride, brumeuse à force d'éclat, et dont le soleil couchant efface la limite ; puis, de nouveau la ligne s'élève, après avoir quitté la plaine herbeuse où fut Pæstum, et nous rentrons dans les montagnes. Aux petites gares, les hommes de la campagne qui attendent le train ont souvent le bonnet calabrais, les femmes des jupes rouges et courtes, et la pâleur dorée, et les longs yeux de l'Orient. Plusieurs portent leurs enfants enveloppés et ficelés dans des langes de couleur : je compte à Éboli trois petits paquets bleus et deux jaunes. On vend des fromages de buffle, ronds et vernis comme des coloquintes, et des oranges avec leurs feuilles. Le soir tombe...

Nous n'avions pas attendu jusque-là pour connaître un peu mieux deux de nos trois compagnons de voyage. Le jeune homme maigre était un propriétaire de la Basilicate, le vieux monsieur à moustaches roulées un commandant d'infanterie, qui se rendait à Tarente. Le troisième voyageur demeurait muet et immobile dans son coin.

Entre le major et le propriétaire, la conversation s'était rapidement engagée sur les choses du Midi. Tous deux, chacun à sa façon, déploraient les conditions actuelles de la Basilicate et de la Calabre.

— Voyez, disait le major, partout des terres incultes, des sommets ravinés par les pluies !

Nous continuions de voir, en effet, des montagnes et des montagnes dont un dernier reste de jour éclairait les cimes presque toujours pierreuses et sans trace de culture ou de plantations.

— La faute en est au régime déplorable de nos forêts, répondait le civil. Depuis un temps bien long, les paysans ont pris l'habitude d'user des bois et des maquis selon qu'il leur plaisait. Ils ont détruit sans remplacer. La couronne d'arbres s'est rétrécie progressivement autour de beaucoup de montagnes, et a fini par disparaître. Et alors la terre a descendu, minée par l'eau. Nous avons maintenant une loi sur le reboisement, depuis quatre ans. Mais elle vient bien tard!

— Il y a bien d'autres causes, monsieur. Voici d'énormes étendues, qui pourraient être cultivées et peuplées, *ridenti di persone*. Mais à qui appartiennent-elles? Vous le savez mieux que moi : les deux tiers de la Calabre sont entre les mains d'une vingtaine de barons.

— Très légitimement! Ils ont acheté ou hérité...

— Je ne dis pas non. Le résultat n'est pas moins déplorable. La plupart se contentent de laisser errer leurs troupeaux sur leurs *tenute*. Leurs terres n'étant pas imposées lourdement, puisqu'elles sont réputées de dernier ordre, le revenu est encore suffisant. Je veux bien qu'ils soient excusables de faire durer un état de choses qu'ils n'ont pas créé. Avouez pourtant que le sort des travailleurs est misérable?

— C'est vrai.

— Un salaire de un franc vingt-cinq centimes, quelquefois même de quatre-vingt-cinq centimes, pour treize heures de travail[1], des herbes bouillies et du pain noir pour nourriture ; s'ils veulent devenir fermiers et tenter la fortune, l'usure les guette, et leur demande un sou et même deux sous par franc chaque semaine. Alors, que font-ils? Ils émigrent.

— Oui, ils émigrent, monsieur le commandant, mais je doute qu'ils trouvent beaucoup mieux ailleurs. C'est une plaie italienne, l'émigration.

Une voix nette et claire l'interrompit :

— C'est une richesse !

Dans le coin, à peine éclairé par la veilleuse du plafond, le troisième voyageur s'était redressé, et regardait ses deux voisins avec cette expression dure, sans aucun mélange de sourire appris, sans la plus petite avance à l'adversaire, qui dénote l'homme du peuple. Il portait cependant un costume bourgeois.

Le jeune homme se pencha, aimable, jusque

---

[1]. Je retrouve ces chiffres dans une brochure de F. Nitti, *l'Emigrazione italiana e i suoi avversarii*. Naples; Roux et Cie.

sous le feu de la veilleuse, qui lui fit comme une auréole.

— Je ne comprends pas, fit-il, une richesse? Vous soutenez que, par exemple, quand l'Italie, en 1886, a perdu plus de quatre-vingt mille de ses enfants au profit de la seule Amérique, elle s'est enrichie?

— Oui. Nous avons un excédent de population. S'il nous sert à coloniser; si, grâce à lui, une partie de l'Amérique devient italienne, qu'avez-vous à dire? Nous sommes tout au moins en possession d'une influence considérable. Beaucoup des nôtres réussissent dans la République Argentine, au Brésil, et ailleurs. Ils gagnent leur vie, et je le sais bien, moi!

— Vous vous êtes fait Américain?

— Voilà trois ans. Je suis gérant d'un domaine, à Buenos-Ayres, et je viens chercher la famille.

— Elle était restée?

— Oui, le voyage est cher.

— Et vous avez l'intention, je suppose, de rentrer en Italie, après fortune faite, un jour?

L'émigrant demeura un instant silencieux; puis il jugea sans doute qu'il était assez Américain déjà pour tout dire.

— Je ne le crois pas, répliqua-t-il.

— Eh bien! moi, fit le jeune homme, en se renversant dédaigneusement sur le coussin, si j'étais le gouvernement, je prohiberais par tous les moyens l'émigration, j'imposerais les émigrants! Vous ne me ferez pas entendre que ce soit un bien de dépeupler un pays au profit d'un autre. Je connais des bourgs, en Calabre, qui perdent, certaines années, cent habitants.

Agacé, les yeux brillants de colère, l'émigrant leva les épaules :

— C'est un mal pour la Calabre, dit-il, et c'est un bien pour l'Italie. D'ailleurs, j'ai essayé d'arracher mon pain à cette terre-ci : elle n'en donne pas !

Il se rencogna aussitôt, décidé à ne plus rien dire, et descendit peu de temps après, sur le quai désert d'une gare que le vent glacé, soufflant d'un ravin, balayait. Je le suivis par la pensée, en pleine nuit, vers un de ces sommets que nous avions aperçus, de loin en loin, couronnés de maisons que lie et presse un vieux rempart en ruine. Peut-être n'arriverait-il qu'au petit jour, après de longs détours causés par le torrent qui mugissait à droite. Peut-être le village était-il un de ceux dont j'avais vu les habitants danser la tarentelle, en si beaux costumes d'autrefois, et si sérieusement! Je me représentais l'entrée dans la chambre demeurée sombre, où les berceaux ne criaient pas encore, et la joie mêlée de frayeur de cette femme à qui le retour annonçait l'exil définitif.

Le commandant, que la scène assez vive entre le propriétaire et l'émigrant avait eu l'air de froisser dans ses sentiments de quiétude et d'urbanité, se mit à m'expliquer que l'émigration, en effet, était bien plus forte dans les provinces du midi que dans celles du nord. Parmi d'autres choses curieuses, il m'apprit que les paysans de ces dernières provinces partaient généralement avec toute leur famille, quittes à se faire rapatrier, si la terre d'Amérique était encore ingrate pour eux, tandis que les *braccianti* de la Calabre ou de la Basilicate s'embarquaient seuls, passaient deux ou trois ans à étudier, à trouver un moyen de vivre, puis revenaient, comme notre voisin de tout à l'heure, avec l'argent gagné, pour enlever la femme, les enfants et les vieux. Peu à peu, il s'anima, lui aussi. Il me parlait, lui, Piémontais, de cet extrême sud italien, où il se sentait dépaysé et humilié par tant de causes dans son orgueil de patriote. A un moment, je le vis debout devant moi, qui me faisait un vrai discours, et fulminait contre la bourgeoisie molle et inerte de Potenza, de Metaponto, de Catanzaro et autres petites villes qui sont quelque chose dans ces parages. « Les jeunes qui pourraient tant pour la patrie, disait-il avec une certaine emphase de gestes, les jeunes ne font rien! Dès que leurs études sont achevées, ils reviennent. Est-ce pour améliorer le sort de leurs provinces ou simplement le leur? Non, deux mille livres de rente leur suffisent. Cela leur permet de faire le noble, *fare il nobile*, de saluer et d'être salués. Ils ne voient pas plus loin. Jusqu'à vingt-cinq ans, vous les trouverez sur les promenades. Plus tard, ils s'assoient sur des chaises, au milieu de leur bosquet d'orangers, pour regarder bêcher leurs journaliers. O patrie! J'en suis honteux pour elle! »

Il continua encore pendant une minute ou deux, les sourcils froncés, la voix vibrante. Patrie, liberté, démocratie, jeune nation, grandeur, avenir, il sut grouper tous ces mots sonores en quelques phrases, puis, quand il crut avoir effacé l'impression produite sur nous par l'énumération des misères de l'Italie méridionale, il eut l'air tout content, se rassit, m'avoua que sa femme était une cliente du *Printemps*, et s'endormit.

Ce ne fut pas pour longtemps. Le train, ballotté, soufflant sur les pentes, entrait, dix minutes après, en gare de Metaponto. La lumière des lanternes courut sur les visages encadrés dans les angles du wagon. Quelqu'un ouvrit la portière, et entra : un jeune lieutenant d'artillerie en tenue. Il se heurta aux jambes du major, allongées sur le coussin d'en face. Le brave homme s'éveilla. En pareil cas, un Français eut cédé en grognant, un Anglais n'eût pas bougé; lui, il eut un sourire paternel, retira ses jambes, et dit au nouveau venu : « *S'accommodi, s'accommodi!* » Puis, s'apercevant que la gare était celle où il devait descendre, il me serra la main, en me recommandant le bouillon merveilleux *(stupendo)* qu'on trouvait, par hasard, à ce buffet de Calabre. Le propriétaire à la chaîne d'or descendit également,

Nous suivions maintenant le bord de la mer. Les montagnes que nous avions traversées, amoncelées à notre droite, gardaient le même aspect désolé. Elles formaient un horizon très proche de pentes pierreuses ou couvertes de maigres maquis. L'espace variable qui s'étendait de leur pied jusqu'à nous n'offrait que bien rarement un peu de verdure fraîche, des bouquets de roseaux, le long d'une *fiumara* dont le sol conservait un peu d'humidité. Le plus souvent c'étaient des pacages abandonnés, tachetés de noir par les touffes de buis, ou des champs d'oliviers pâles, plantés en ligne. Aucun labour, et presque pas de troupeaux. Le petit jour naissait, et à gauche la mer s'étendait, la mer sans îles, polie comme un miroir. Si elle avait eu la moindre marée, comme elle eût vite recouvert la plage de sable brun où nous courions! Des barques, aussi rares que les troupeaux, dormaient au large. Quand le soleil fut tout à fait levé, elles parurent flotter sur un métal en fusion. Mais la terre demeura sans éclat et triste infiniment.

Il y a plus de trois cents kilomètres de côtes semblables. J'aurais bien voulu écouter encore le commandant, ou même ses compagnons. Le jeune lieutenant avait moins de tempérament et moins d'érudition. Mais, comme la plupart des officiers italiens, il était d'une parfaite courtoisie. Aux stations, lorsque le train s'arrêtait, entre une rangée de maisons et une rangée de bateaux de pêche, il me nommait le pays, et me faisait remarquer que les villages de la Calabre « commencent à descendre ». Ils étaient tous, autrefois, perchés sur les hauteurs, fortifiés, crénelés, pareils à ceux que nous découvrons, de temps à autre, dans la montagne. Les côtes n'étaient pas sûres. Le long souvenir des invasions de tous les peuples et celui, plus récent, des brigands calabrais, la peur aussi de la malaria, avaient groupé les habitants sur les sommets défendables, par-dessus l'atmosphère dangereuse des plaines. Aujourd'hui, le peu de toits nouveaux qui s'élèvent sont posés au bord de la mer. Les vieux remparts là-haut tombent en ruine. Et la malaria, paraît-il, n'est ni plus ni moins grave. Elle dépend de l'orientation, de la nature du sol, du vent, de mille causes inconnues, difficiles à fuir.

Il faut croire pourtant que ce pauvre bavardage suffit pour faire éclore une sympathie. Lorsque nous nous séparâmes, sur le quai de Reggio, le jeune officier pour prendre le bateau et se rendre en Sicile, moi, pour aller trouver, dans le quartier haut de la ville, l'heureux propriétaire d'un verger de bergamotiers, je sentis un regret véritable de quitter cet inconnu. Quant à lui, il me tendit la main.

— Regardez-moi bien, dit-il.

— Je vous regarde.

— Dire qu'officiellement nous sommes ennemis, monsieur !

— Et forcés de nous battre.

— Non, reprit-il vivement. Cela ne durera pas, cette *triplice*. Nous serions si naturellement avec vous ! Venez me rendre visite à X... Vous verrez que plusieurs de mes camarades pensent comme moi. Tout loyal qu'on soit, on a bien le droit de faire des vœux, n'est-ce pas ?

Il traversa le petit pont de planches qui conduisait au bateau. Nous nous saluâmes une dernière fois. Je ne l'ai jamais revu.

La bergamote. — Me voici donc à la recherche de M. Guglielmo, ou Antonio, ou Francesco, peu importe, possesseur du beau verger. Je ne veux pas, cette fois, traverser Reggio sans faire connaissance avec la bergamote. Nos pères et nos mères l'ont aimée. On l'emploie encore. Et elle pousse ici, exclusivement ici, dans une étroite bande de terre qui commence à Villa San-Giovanni, au-dessus de Reggio, et finit un peu au-dessous, à Palizzi. On a tenté de l'acclimater de l'autre côté du détroit, en Sicile : elle n'avait plus autant de parfum. Il lui faut ce climat de serre chaude, cette exposition en pente douce, cette terre tombée des montagnes.

Je rencontre M. Guglielmo, un gros homme avec des yeux tout petits et sommeillants, qui deviennent brillants une seconde, comme les phares à éclipses, dès qu'il s'agit d'affaires. Il a pour la bergamote un culte véritable. Je ne lui en demande pas davantage : il sait son métier. S'il a de l'esprit, c'est un luxe. Et il se trouve qu'il n'en manque pas. Nous sortons de la ville sous une pluie battante; je le prie de me dire si cela durera ; il se retourne du

17

côté de la Sicile, d'où souffle le vent, et me répond :

— *Cosa di niente, tempo di Sicilia, tempo femmineo, che non dura.* Chose de rien, temps de Sicile, temps de femme, qui ne dure pas.

Par-dessus les murs des vergers, qui bordent les chemins bien loin dans la campagne, comme à Palerme, les feuilles vernies des orangers ombragent des centaines de fruits jaunes. La pluie qui mouille les arbres s'évapore au soleil, et parfume l'air. Nous allons, au grand trot du cheval, à travers cette banlieue odorante. Les enclos se font plus rares, les maisons aussi. Des champs de fèves apparaissent aux deux bords de la route, et d'autres de piments, levant leurs gousses rouges, qu'on prendrait pour des coquelicots. M. Guglielmo renifle bruyamment.

— Bergamote ! dit-il.

En effet, à cent mètres devant nous, des paysans, vêtus à la calabraise, les hommes en culotte courte, les femmes avec des jupes rouges et la grande coiffe tombante, escortent une charrette de ces fruits précieux qu'ils conduisent à un moulin voisin. La charrette laisse après elle un parfum tellement violent que celui des angers et des citronniers ne peut lutter avec lui. Nous sommes dans une buée à la bergamote. Mon hôte semble réjoui. Je regarde les mannequins. Ils sont pleins de fruits verts, de la grosseur d'une valence ordinaire, mais à écorce lisse, et gratifiés, sur le haut, d'un petit appendice, comme si la queue passait au travers et sortait en ligne droite.

La pluie cesse, les montagnes dont nous commençons à gravir les premières pentes reprennent leurs tons bleus. Un kilomètre encore, et, dans la belle campagne de Reggio, ruisselante et chaude, en face d'un des plus larges paysages qui soient, nous nous arrêtons à la porte de la villa. Que c'est loin, même d'une bastide marseillaise! Une haie de géraniums rouges, plantureux, formant de gros buissons, entoure la maison, qui est teintée en rose et couverte, jusqu'à mi-hauteur, de jasmins grimpants. Entre les murs et la haie de géraniums, comme une serre, comme un portique, un berceau de vigne fait de l'ombre au midi, se coude pour suivre la face orientale, et conduit le visiteur jusqu'à l'entrée. L'intérieur ne répond en rien à cette coquetterie du dehors. J'ai souvent été stupéfait du peu de souci que semblent avoir du confortable les Italiens de la classe moyenne. Le propriétaire de la villa est un homme riche, et les appartements sont à peine meublés, et les lits, — ô Normandie, terre des édredons! — se composent d'un tout petit matelas et d'une paillasse minuscule entre les montants de fer, et les cadres, qui pendent le long des plâtres craquelés, ne retiennent que des chromolithographies, dignes d'une salle d'auberge. Allons voir le verger!

Ce coin-là est charmant. On sort du berceau de vigne, on entre sous un bois d'orangers, de mandariniers et de bergamotiers, très hauts, très ronds, se rejoignant au-dessus de nous et gardant sous leur voûte une ombre à peine mouchetée, çà et là, d'un rayon. Un peu plus loin il y a un grand carré uniquement planté en bergamotes et, le long d'une allée, des arbustes à feuilles ovales, dont le fruit ressemble à une pomme de pin verte et molle.

— Je pensais bien que vous ne connaissiez pas celui-là! me dit M. Guglielmo.

— Cela s'appelle?

— L'*annona*, encore une spécialité de Reggio, et qui ne peut s'expédier. La chair est trop tendre, mais délicieuse! Goûtez!

Il tira de sa jaquette une petite cuillère qu'il avait apportée, la plongea dans un des plus gros fruits, et retira un long morceau de pulpe crémeuse, d'un blanc jaune, au bout duquel était fixée une graine noire, très dure. Mon compagnon trouva l'annona fade. Moi, je crus découvrir un goût de vanille exquis. Mais j'étais un peu grisé par l'odeur de tous ces géraniums et de ces cultures de parfumeur. Je n'ose plus persévérer dans mon opinion.

Nous revînmes vers la fabrique d'essence, un très modeste bâtiment, à quelques pas de la maison et sur la lisière d'un second bosquet d'agrumes. Tout se faisait dans la même salle, aux quatre coins. A droite, près de la porte, agenouillée au milieu d'un cadre de bois posé à terre et plein de bergamotes, Ciccia, la petite Sicilienne, triait les fruits. Son mouchoir jaune et sa tête sarrasine s'enlevaient joliment au-dessus des pyramides vertes. Elle choisissait cinq fruits de grosseur égale, et les passait à son père, qui les disposait dans le récipient d'une machine. En quelques tours de manivelle, l'opération première était achevée. Les cinq bergamotes sortaient de la boîte en apparence intactes, mais d'invisibles coupures avaient exprimé l'essence de l'écorce. Le fruit n'avait plus de valeur. Il était jeté alors à un ouvrier qui le coupait mécaniquement en quartiers, et les morceaux, foulés dans un pressoir, à l'autre bout de la salle, donnaient un jus abondant, chargé d'acide citrique. Puis, comme rien ne se perd, les détritus, mis en tas, étaient emportés pour servir de nourriture aux vaches, aux moutons et aux chèvres.

Je demande ce que peut rapporter un bosquet de bergamotiers. M. Guglielmo me répond que la culture de cet arbuste précieux entraîne d'assez gros frais, qu'il faut arroser chaque pied, au moins une fois par semaine, comme on le fait pour les orangers, mais qu'en somme, douze ares bien plantés, en arbres d'âge moyen, rapportent environ huit kilos d'essence à vingt-cinq francs le kilo. Son domaine ne donne pas moins de huit cents à mille kilos dans les bonnes années. « Seulement, ajoute-t-il, — et je devine au son de sa voix qu'il nous plaint sincèrement, — vous ne connaissez pas à Paris la vraie bergamote. Ici même, beaucoup de marchands la fraudent, en l'additionnant d'autres essences, comme l'essence de térébenthine ! »

Je m'émeus davantage en apprenant le sort des ouvriers agricoles que M. Guglielmo, et tous ses confrères calabrais, emploient dans leurs fabriques. Ces hommes, que je viens de voir, vont se coucher à cinq heures du soir, après avoir mangé. Ils se relèveront à dix heures, et ils travailleront toute la nuit, — parce que la nuit ils seront moins distraits, dit mon hôte. — puis toute la matinée, et la première partie encore de l'après-midi, jusqu'à trois heures. Cette journée formidable leur sera payée un franc vingt-cinq centimes. Quant à leur nourriture, où n'entrent ni le vin, ni la viande, le menu de leur déjeuner du matin peut en donner l'idée : deux gousses de poivre trempé dans l'huile et un morceau de pain noir.

— Vous comprenez pourquoi, ajoute philosophiquement le propriétaire des bergamotes, l'émigration est si abondante dans ce pays-ci!

Nous montons avec lui dans la partie haute du domaine. Bientôt, à la limite où les canaux d'irrigation peuvent porter l'eau, le bois d'agrumes cesse. La terre pierreuse, ardente, roussie par le soleil, ne nourrit plus que des vignes, attaquées par le phylloxera, et des figuiers aplatis, étalant leurs feuilles près du sol. A mesure que nous nous élevons, la végétation s'appauvrit. Un torrent desséché, pareil à une route poussiéreuse, semble indiquer la fin du paradis terrestre de Reggio. Au delà, il n'y a plus qu'une dentelle de pentes inégales couvertes de cactus, et les grandes cimes de la Calabre.

Un coin de Sicile. — L'Etna en éruption. — Il me tardait de revenir sur cette terre de Sicile, dont j'avais, deux ans plus tôt, rapporté de si chers souvenirs, et surtout de revoir l'Etna, dont l'éruption durait encore. Elle avait commencé en juillet. On la disait finissante, et, bien des fois déjà, je m'étais imaginé le spectacle de ces laves rouges parmi les pentes monstrueuses, dans la région des rochers semés de fougères ou dans celle, plus basse, des bois de châtaigniers. De Reggio, la nuit, j'avais cherché une étincelle sur le flanc de la montagne. Mais rien n'apparaissait de ce côté. Il fallait débarquer à Messine et prendre le train pour Aci-Reale.

Il est doux de revenir à de pareilles routes, dont la beauté semble être immuable et dépendre à peine des saisons. J'avais parcouru celle là en été. A présent, c'était le plein hiver. Mais peu de choses avaient changé. Nous croisions des trains chargés de citrons en caisses ou même entassés à l'air libre, comme des pommes normandes. Les montagnes de droite n'avaient perdu ni la verdure de leurs oliviers et de leurs cactus, ni l'étonnante silhouette de leurs crêtes dentelées, que couronne çà et là un vieux fort sarrasin. Leurs *fiumare* n'avaient guère plus d'eau qu'au mois d'août. A gauche, je reconnaissais les pentes précipitées, plantées de vignes et de bois d'agrumes, les villas des bourgeois de Messine, amateurs de vergers, les caps aux ombres très bleues sur la mer et les barques de pêche tirées au bord du flot. Je retrouvais même cet étonnement que causent le brusque passage du pays italien dans cette île semi-africaine, la vue de ces visages bronzés des hommes du peuple, qui ont la lèvre épaisse et le regard aigu, je retrouvais jusqu'à des fragments de conversation déjà entendus :

— Alors, rien de nouveau à Castrogiovanni, depuis que le chef des Maurini a été tué?

— Rien.

— Cela date déjà de loin. Et chez vous?

— Pas le moindre accident. Une sécurité complète. Est-ce que les hommes de Rinaldi ont été pris?

— Non. C'est dommage : *è gran peccato*.

J'avais surtout vanté à mon compagnon de voyage les charmes de cette petite ville d'Aci-Reale, toute blanche, au pied de l'Etna, dans une ceinture d'orangers. Mais les nuages s'étaient amoncelés, la pluie se mit à tomber, et quand je voulus démontrer sur place les raisons de cet enthousiasme, je n'en découvris plus une seule. Les rues étaient sales, étroites, enchevêtrées; l'Etna se cachait; les orangers, tout noirs, pleuraient au-dessus de nos têtes; les marchands de légumes et de fruits, ces joailliers de là-bas, rentraient dans leurs boutiques jusqu'aux chapelets de tomates; la mer sans transparence battait la côte devenue grise. Et je compris que la Sicile elle-même avait ses heures ingrates.

L'averse continuait, la nuit achevait d'assombrir la route, le mur blanc et les jardins des bains de Santa-Venera, que nous apercevions de l'hôtel où nous nous étions réfugiés, lorsque nous entendîmes un bruit sourd, prolongé, dont les vitres furent secouées.

— Un navire quittant le port de Catane, sans doute, dit un domestique près de nous. C'est égal, il est bien armé, et le vent porte vers Aci.

Mais, une demi-heure plus tard, mon ami, qui venait de s'avancer sur le balcon, m'appela :

— L'Etna en feu! Admirable! admirable!

La nue, rompue en deux, laissait voir l'Etna. La lune éclairait faiblement le sommet couvert de neige et les pentes formidables du mont. Aux deux tiers, très haut dans cette éclaircie du ciel, une traînée de feu serpentait, et trois cratères, parfaitement dis tincts, lançaient des flammes. L'air était teint de rouge au-dessus d'eux. Le plus élevé, ou du moins celui qui nous semblait tel à cette distance, vomissait des gerbes de pierres incandescentes, pareilles à une queue de comète, et que nous voyions retomber, non dans la partie basse, mais dans la partie plus haute de l'Etna. Le coup de canon que nous avions entendu, c'était ce cratère, formé dès le premier jour de l'éruption, et qui rentrait en activité.

Je l'en remerciai tout bas, et je descendis pour régler les détails d'une ascension, avec retour dans la nuit du lendemain soir. Le propriétaire de l'hôtel fumait sous le vestibule large ouvert. Des groupes — pour être d'une politesse internationale, mettons de rêveurs en guenilles — se tenaient devant la porte.

— Voyons, don Abbondio, j'ai recours à vous, je voudrais, demain, à la première heure...

Je n'avais pas achevé ma phrase que cinq ou six de ces personnages s'approchèrent, afin d'écouter. Il y a si peu de nouvelles à Aci-Reale! On aime tant surprendre trois mots d'un étranger ou d'un voisin, et deviner les autres, dans les petits conciliabules que tiennent les hommes, pendant les heures où ils vivent à la grecque, sur la place publique! J'essayai de leur échapper. Ils nous suivirent, avec beaucoup de politesse, d'ailleurs. Je vis que l'hôtelier avait des ménagements à garder. Et il fut convenu, devant témoins, que nous partirions à telle heure, par telle route, et que nous pourrions quitter le sommet de l'Etna vers telle autre heure.

— Cependant, me dit tout bas l'hôtelier, ne revenez pas, la nuit, pour coucher ici.

— Pourquoi? les routes sont sûres?

— Très sûres, absolument sûres. Mais il vaut mieux coucher à Nicolosi.

Et il s'en tira, sans explication, par cette expression méridionale, qui ne veut rien dire et qui laisse tout entendre :

— Sait-on jamais quand les choses sont bonnes?

Si je n'avais pas connu déjà la Sicile, j'aurais pu être effrayé. Je suis persuadé qu'un voyageur peut descendre, à toute heure de nuit, du cratère de l'Etna aux rivages de la mer, sans courir le moindre danger. Mais les Siciliens ont une si longue habitude de se défier les uns des autres, et ils la trahissent si fréquemment dans leur manière d'être, qu'ils sont en grande partie responsables de la réputation fâcheuse et imméritée de leur île.

Le lendemain, vers une heure de l'après-midi, nous quittions Nicolosi, où nous nous étions reposés plusieurs heures, et le bonhomme Mazzaglia, le vieil aubergiste retors de ce triste village, *corrispondente del clubo alpino italiano, sezione Catania*, nous procurait les deux mulets nécessaires. J'avais demandé mon ancien guide, Carbonaro, mais il semait son orge, car les visites se faisaient rares en cette saison tardive, et ce fut un de ses camarades qui vint. La journée était d'une limpidité grande. Sur les nombreux cratères éteints, fils de l'Etna, et qui couvrent ses flancs, le genêt en boule luisait au soleil. Des deux côtés des chemins pierreux, les dernières feuilles rouges pendaient aux branches des cerisiers, les derniers pampres aux rameaux de vigne. Des troupes de femmes et d'enfants, descendant de la région des bois et chargés de sacs de châtaignes, nous croisaient et passaient avec le *buona sera* doux à entendre. Au-dessus du cône, là-haut, en plein ciel, au-dessus de la prodigieuse cheminée dont l'ouverture a trois mille mètres de tour, le gros nuage de fumée blanche, roulée aux bords, s'élevait lourdement, comme de coutume, et se couchait bientôt, la pointe vers la Calabre. A peine un léger tremblement de l'atmosphère, une vapeur grise très légère, très vite dissipée, révélaient que le volcan était encore en éruption et que la lave coulait au bas de la Montagnola, dans la région aride, à l'endroit où s'arrêtait la neige.

Peu de temps après avoir dépassé les dernières maisons de Nicolosi, nous avions cependant rencontré un premier fleuve de lave refroidie. Il s'était, en partie, répandu sur des laves plus anciennes, et formait avec elles comme une levée gigantesque, jetant çà et là, sur tout son parcours, des rameaux secondaires. Les vignes traversées par ces courants semblaient mortes. Pourtant, le fisc italien s'était mis à l'œuvre. Dans le malheur qui frappait tant de gens, il cherchait à ne pas trop perdre, et, à quelques mois du début de l'éruption, il venait de faire le relevé des terres épargnées. Ses marques blanches ponctuaient le torrent à jamais figé et durci. Rien n'était oublié : pas même des parcelles de deux ou trois ares, que le feu avait enveloppées de toutes parts.

— Une honte, disait mon guide : des propriétaires qui avaient les meilleures terres de la montagne! Les voilà ruinés, et on se hâte d'imposer les morceaux mêmes de leur terre où il leur reste deux douzaines de ceps calcinés et un arbre roussi!

L'homme était intelligent. Il avait vu de près tout le drame de l'éruption, et il me le racontait en montant.

— Ç'a été un bonheur, disait-il, que les laves aient suivi le chemin déjà tracé par d'autres, car les plus anciens n'ont pas vu la montagne en rejeter autant. Elles ont détruit le bois des Cerfs, avec la ferme qui était belle, des châtaigneraies, des vignes, des vergers qui faisaient envie, monsieur, quand on passait auprès. Elles auraient pu en ensevelir dix fois plus. Nous avions prévu l'éruption, mes camarades et moi. D'abord, en juin, il y eut des jours sans fumée, ce qui est mauvais signe, et d'autres avec beaucoup de fumée, et de la cendre. De plus, au commencement de juillet, un guide, qui s'appelle Contarini, revint de la Casa inglese avec des voyageurs dont les vêtements avaient été complètement décolorés par les vapeurs sorties du sol. Et c'est le 9 que la montagne s'est fendue, entre la Montagnola et le Monte-Nero, avec le bruit de plusieurs centaines de coups de canon, et des tremblements de terre, et des jets de fumée. Dès le soir, on voyait déjà de Catane les nouveaux cratères et la lave qui descendait en deux courants, en forme de fer à cheval, très rapidement. Je suis allé la voir de près, plusieurs fois, avec des voyageurs qui trouvaient cela curieux, bien que ce soit un triste spectacle, je vous assure. Une fois notamment, l'une des premières nuits après l'éruption, nous nous sommes trouvés en face d'un fleuve de lave, large de plusieurs centaines de mètres et plus haut que les châtaigniers dans la région desquels il entrait. Cela roulait doucement, sauf quelques blocs ardents qui se détachaient de temps en temps du sommet et galopaient à travers le bois. Mais ce qui faisait pitié, c'étaient les arbres. De très loin, ils commençaient à s'agiter, leurs feuilles tremblaient, se desséchaient en peu de minutes, et prenaient feu toutes ensemble. Le tronc, le plus souvent, ne brûlait pas, et se couchait sous le torrent... Il m'est arrivé, les nuits suivantes, de regarder, de Catane, vers le point où j'étais ainsi monté. On apercevait fort bien, sur la bande rouge du torrent, des milliers de flammes blanches qui s'élevaient, duraient quelques secondes, et mouraient. Les beaux bois de châtaigniers, monsieur, que vous ne retrouverez plus [1] !

Nous marchions cependant sous les branches, et je reconnaissais les taillis clairsemés et montants, les croupes de futaie, dont la mousse n'avait assurément jamais senti l'approche de la lave. Vers cinq heures seulement, à deux kilomètres au delà de la casa del Bosco, nous arrivâmes à la frontière nouvelle que l'éruption venait de faire aux forêts de l'Etna. En face et au-dessus de nous, l'espace découvert planté

---

[1]. J'ai retrouvé plusieurs traits de ce récit, dans la relation que m'a adressée depuis, le savant et obligeant professeur de l'université de Catane, l'observateur qui passe une partie de la saison d'été à la Casa inglese, M. Bartoli. Voir *Sull'eruzione dell'Etna, scoppiata il 9 luglio 1892*. Torino; tip. San Giuseppe.

de fougères et de touffes rondes d'astragales, au-dessus encore, la neige contenue par le mur de la Montagnola, et enfin, dominant tous ses fils innombrables, le grand cratère, si large et si doux de lignes dans le ciel lumineux. Mais à droite, à peu de distance, là où, deux ans plus tôt, j'avais admiré la teinte rousse des herbes et des bois, se dresse un rempart de lave. Les mulets s'engagent entre les blocs amoncelés, et atteignent le sommet de la première vague de pierre. Nous apercevons de là le plus aride et le plus triste paysage qui puisse être imaginé : une succession de sillons monstrueux de laves mortes, noires comme les terres des pays de bruyères, hérissées de mottes qui paraissent en équilibre instable, de volutes, d'aiguilles, de toitures avançantes qui forment des grottes. Nous ne découvrons rien autre chose, aussi loin que nous regardons en avant. Le fleuve a enseveli les pâturages et les bois, et nous le voyons complètement maître de la pente, jusqu'au point où elle devient plus rapide encore, et s'efface. Nous avançons très lentement, des crevasses nous soufflent au visage des bouffées de chaleur. On étouffe dans plusieurs petites vallées, et l'air froid du dehors, nous fouettant sur la crête des talus, nous rappelle seul que nous sommes à deux mille mètres au-dessus du niveau de la mer et par un soir d'hiver.

Le soleil est déjà très bas lorsque nous commençons à gravir le Monte-Nero, un ancien cône d'éruption que le courant de lave de 1892 a enveloppé complètement. La pente, extrêmement raide, est couverte d'herbes folles. Nous attachons nos bêtes à l'abri, derrière une roche du sommet, et nous regardons encore. Les bouches d'éruption sont toutes voisines. Sur la pente de l'Etna, qui remonte à gauche, trois petits cratères, dont le dernier n'est pas éloigné de deux cents mètres, fument, sifflent, lancent du sable et de menues pierres. Leurs bords sont tachetés de bavures de soufre. A leurs pieds, des jets de vapeur. L'activité du volcan est très diminuée, et le spectacle n'a rien d'effrayant, le jour du moins. Ce qui l'est plus, c'est de considérer, en face de soi, un second désert de laves pareil à celui qu'on vient de traverser, dont les limites se perdent dans les premières brumes de la nuit, très

loin, et de se dire qu'une partie de ces laves
est encore ardente et continue de couler.
Laquelle ? Impossible de le deviner. L'étendue
est uniformément de la même couleur noirâtre
qu'avaient les laves refroidies de tout à l'heure.
Nous descendons en hâte, précédés du guide,
pour traverser, à pied, ces nouveaux sillons
énormes, au-dessous desquels la pierre est
peut-être molle de chaleur. Souvent nous
devons faire des détours après avoir tâté avec
la main la surface des amoncellements. Autour
de nous, la lumière décroît. Nous sommes en
plein chaos, escaladant, descendant les talus
sans chemin tracé. Tout à coup, j'aperçois, à
trente pas en avant, un ruisseau de feu. Il est
large, à ce qu'il me semble, comme une de
nos petites rivières à une seule arche, et sort
d'une ouverture en demi-cercle au milieu du
grand fleuve éteint. La lave, soulevée des profondeurs jusque là, ressemble à une barre, à
un sillon de terre incandescente, qui roule
lentement sur lui-même, et pousse le sillon
précédent. De moment en moment, elle devient
plus rouge. Je la suis du regard, qui descend
la montagne, et je la perds de vue. Le ciel est

encore pâle. Quand je ramène les yeux, que j'avais levés vers les premières étoiles, voilées de brume, tremblantes au-dessus des terres invisibles de Sicile, ce n'est plus seulement un ruisseau de lave rouge que j'ai devant moi, mais, à des distances devenues inappréciables dans la nuit, des milliers de points ou de lignes brisées, couvrant de mailles de feu toute la pente de l'Etna. L'éruption, qui a dû être effroyable, s'est faite fantastique et superbe. On dirait une illumination silencieuse d'avenues et de carrefours, des lanternes couleur de pourpre pendues au travers de forêts. Assez proche de moi, une sorte de fontaine lumineuse s'est allumée. La lave doit monter dans l'intérieur d'une pierre levée qui semble très haute. Elle apparaît au sommet, et tombe des deux côtés en cascades. Nous sommes perdus dans ce monde étrange, incapables de paroles, ne songeant plus à l'heure...

La nuit avait complètement envahi le plateau. Il nous fut impossible de retrouver le chemin que nous avions pris, et nous revînmes au hasard, en nous guidant sur les petits cratères, maintenant coiffés d'un dôme de vapeur, que colorait en dessous l'éclair de flammes subites. Nos mulets nous avaient attendus sans briser le pauvre brin de genévrier auquel pendait leur bride. Ils remontèrent la pente ardue du Monte-Nero, traversèrent le second courant de lave, et enfoncèrent bientôt leurs pieds dans la mousse des châtaigneraies.

Alors, dans le ciel devenu d'une pureté parfaite, le croissant fin se leva. Il mit sa lueur cendrée sur les pointes des rochers, sur les troncs et les branches sans feuilles. Le rêve ne fut pas brisé. Je crois que le guide comprenait. Nous descendions dans le silence absolu de l'Etna, dans la fraîcheur d'une nuit qu'on eût pu prendre pour une nuit d'été. Il étendait la main de temps en temps pour nous montrer, par une échappée des bois, la partie de la montagne toute ruisselante de feux. C'était le même aspect menteur des choses, le même air d'une fête grandiose qui se prolongeait. Seulement les ruisseaux de lave semblaient se rétrécir et se rouler en colliers; les points de feu se groupaient en constellations, et quand nous fûmes à Nicolosi, nous pouvions voir encore, entre des toits et des murs, la montagne embrasée, bien haut, au-dessus des maisons endormies et tranquilles.

Un mois plus tard, je rentrais en France. J'avais pris la route de la Corniche, et je me trouvais entre Gênes et Vintimille, tout près de la frontière française. Nous avions dû, ayant manqué la correspondance, par suite d'un accident arrivé, la nuit, sur la voie, monter dans un train omnibus, qui s'arrêtait à chacune des petites stations échelonnées sur la *riviera*, et, fatigué du trajet devenu interminable, désireux de me retrouver en pays de France, je ne regardais plus que distraitement les baies, partout exquises, et les montagnes, si belles depuis San-Remo. Des voyageurs de toute sorte étaient entrés dans le wagon, en étaient sortis, sans que l'idée me fût venue, pas plus qu'à eux, d'échanger une syllabe, lorsque, à un arrêt, un vieux monsieur, aux longs cheveux en broussailles, la redingote longue battant les jarrets, s'installa en face de moi. Nous ne nous étions pas mis en route que ce voyageur expansif me demanda ma nationalité :

— Anglais ?

— Non.

— Slave ?

— Non, Français.

— Ah ! dit-il, en levant les bras, les Français, monsieur, je les ai vus si populaires dans ce Piémont, au temps de ma jeunesse ! Je suis médecin.

— Ah !

— J'ai assisté à l'entrée de vos troupes à Milan, de vos troupes mêlées aux nôtres. Vous ne pouvez vous figurer cet enthousiasme. Vos soldats changeaient de képi avec les soldats italiens. Des dames, de grandes dames, que je vous nommerais encore, les embrassaient. Les fleurs tombaient en pluie des fenêtres. Et les drapeaux, et les arcs de triomphe, et les cris répétés : « Vive la France, vive l'Italie ! » Que c'était beau ! Moi, j'ai soigné vos blessés, monsieur !

Je lui demandai, au hasard :

— Connaissez-vous le général F...?

— Le capitaine F...?

— Non, il est devenu général, depuis.

— Si je connais! C'est moi qui l'ai porté! J'étais aide-major, chargé de conduire un convoi de blessés à Brescia. C'est moi qui ai descendu le capitaine, et qui l'ai mis sur la civière en arrivant dans la ville. Même, il a dit : « Que cela fait de bien! Vous me portez comme un enfant! Je ne souffre plus! » Nous pensions aller à l'hôpital. Ah! bien oui! Tout le monde, tous les riches de la ville se disputaient l'honneur de soigner les soldats français! Le reverrez-vous?

— Certainement.

— Il ne doit pas m'avoir oublié. Vous lui direz que vous avez rencontré le vieux docteur S..., qui demeure, bien inconnu, à Pieve di Teco, mais qui se rappelle avec bonheur les jours de Palestro, de Magenta, de Solférino. Hélas! monsieur, ces temps où Italiens et Français se comprenaient et s'aimaient ne reparaîtront plus!

Je lui répondis :

— *Chi lo sa?*

Il me regarda, étonné, avec une émotion qui faisait battre ses paupières, et, au moment où le train s'arrêtait, se levant pour descendre à l'avant-dernière station italienne, il me serra les deux mains :

— Vous avez peut-être raison, monsieur, *chi lo sa?*

FIN

TABLE

	Pages.
PROVINCES DU NORD. LA VIE PROVINCIALE	1
LES MAISONS DE ROME ET LA CAMPAGNE DE ROME	119
PROVINCES DU SUD	239

www.ingramcontent.com/pod-product-compliance
Lightning Source LLC
Chambersburg PA
CBHW071247160426
43196CB00009B/1196